スピードマスター
国境を越えて働く人の税務100

〈インバウンド〉〈アウトバウンド〉

矢内一好・高山政信・廣瀬壮一 著

中央経済社

はじめに

　令和2（2020）年から令和5（2023）年の間，新型コロナの流行等により，国際的な人的交流が停滞した時期があります。日本ではコロナを2023年5月に5類に引き下げたことで，国民の間での動揺は少なくなり，海外から観光客あるいは外国旅行をする者の数は増加しています。

　また，コロナの影響から，リモートによる勤務等，働き方に大きな変化が出てきました。そして，従来の海外移住というアウトバウンド以外に，外国から専門職の者に永住権を与える等の外国からの人材確保というインバウンドの動きも出てきました。

　これまでの海外移住等の論点は，富裕層の税負担軽減，海外勤務社員，あるいは年金生活者の物価の安い国におけるロングステイ等が中心でした。しかし，最近は，技術能力・資格を有する高度外国人材に対する各国の誘致競争が激化し，日本も，各種の優遇措置を講じています。このように，日本からの出国だけではなく，入国の人材に関しても，法務及び税務の両面で検討が必要です。

　本書においては，制度としては，国籍，ビザの発給，各種優遇措置，人的側面としては，富裕層の動向，高度外国人材の招致競争，外国人労働者の受入れ等で，法務と税務が関連する構図となります。

　本書は，コンパクトに各項目を説明することをモットーとしたことから，1項目見開き2ページとして，見出しの下に結論を書くことで，テーマに対する答えを早く知ることができるよう工夫をしました。

　本書が国際的人的交流に携わる人々にとって，少しでも役立つ情報を提供することができれば望外の幸せです。本書の出版に際してご尽力頂いた中央経済社・牲川健志氏に感謝致します。

著者を代表して　高山　政信

Contents

はじめに　3

第1章　他国で働くための基礎知識

Ⅰ　国籍の取得 ——————————————————————— 12

01　国籍の定義と取得方法／12

02　日本国籍の特徴と重国籍を認めない理由／14

03　国籍取得をしやすい国（アジア編）／16

04　国籍取得をしやすい国（欧州編）／18

05　国籍取得をしやすい国（米州編）／20

06　国際結婚・出生／22

Ⅱ　ビザの取得 ——————————————————————— 24

07　ビザとパスポート，在留資格の違い／24

08　日本の在留資格の種類／26

09　在留カードとマイナンバーカード／28

10　ビザを取得しやすい国（アジア編）／30

11　ビザを取得しやすい国（欧州編）／32

12　ビザを取得しやすい国（米州編）／34

13　ワーキングホリデービザ協定／36

Ⅲ　在外邦人・在留外国人の数 ——————————————— 38

14　在外邦人数／38

15　在留外国人数／40

Ⅳ　銀行口座の開設 ————————————————————— 42

16 外国人が日本で銀行口座を開設／42

17 日本人が外国で銀行口座を開設／44

18 外国で日本の年金を受け取ることの可否／46

19 海外で銀行口座を開設した情報の日本での取扱い／48

V 社会保障制度 ——————————————————— 50

20 日本と社会保障協定を締結している国／50

21 外国における社会保険料が掛け捨てになる場合／52

22 外国における医療保険の適用／54

23 日本における医療保険の適用／56

VI 生活環境 ————————————————————— 58

24 格安航空券の利用状況／58

25 日本の住宅事情／60

26 アジアの住宅事情／62

27 米国・豪州の住宅事情／64

第2章 インバウンドの人的交流

I 高度外国人材の採用 ——————————————— 68

28 高度外国人材関連法等の進展／68

29 高度外国人材の範囲と対象者数／70

30 各国の高度外国人材招聘競争／72

31 法的優遇措置／74

32 税制上の優遇措置／76

II 外国人技能実習・外国人労働者の課税 ——————— 78

33 外国人技能実習制度の概要／78

34 外国人技能実習制度の動向／80

35 外国人労働者の課税／82

Ⅲ 日本に勤務する外国人社員に生じる税 ——————— 84

36 外国法人の日本支店に3年の予定で出向中の外国人社員が国外出張する場合の税務／84

37 合計183日を超えて日本に出張した外国人社員の税務／86

38 外国人社員の国外居住親族に係る扶養控除等／88

39 来日した外国人社員に対する経済的利益（家賃・教育費等）／90

40 国籍が納税義務者の要件にならない理由／92

41 日本に3年の予定で出向した社員が健康上の理由により6か月で帰国した場合の税務／94

42 外国法人の役員が日本勤務する場合の外国税額控除の適用関係／96

43 納税管理人を定めた場合と定めない場合の課税関係／98

Ⅳ 来日する運動家・芸能人に生じる税 ——————— 100

44 外国から運動家を招聘した場合の課税関係／100

45 外国の免税芸能法人等に対する課税／102

Ⅴ 来日する学生等に生じる税 ——————— 104

46 海外からの研修生の課税関係／104

47 海外からの学生の課税関係／106

Ⅵ 日本に資産等を有する外国居住者に生じる税 ——————— 108

48 本国と日本の双方に住居を有して双方に所得のある場合の課税関係／108

49 海外赴任する会社員が1億円以上の有価証券を有する場合の課税関係／110

50 不動産関連法人株式の譲渡／112

Contents

51 非居住者が有する国内不動産の低額譲渡／114

52 日印租税条約における使用料条項の適用関係／116

53 非居住者が株式等を譲渡した場合の課税関係／118

54 非居住者が国内不動産を賃貸する場合の課税／120

55 匿名組合契約に基づく利益分配の税務／122

56 国外中古建物の税務／124

Ⅶ　日本に滞在する外交官，米軍基地関係者等に生じる税 ──── 126

57 日本で採用された駐日外国大使館職員の課税／126

58 米軍基地に勤務する米国人の妻が英語教師のアルバイトをした場合の
税務／128

第3章　アウトバウンドの人的交流

Ⅰ　アジア地域への移住・ロングステイで生じる税 ───── 132

59 フィリピン国籍の取得とロングステイの税務／132

60 インドネシア国籍の取得とロングステイの税務／134

61 タイ国籍の取得とロングステイの税務／136

62 オーストラリア国籍の取得とロングステイの税務／138

Ⅱ　欧州地域への移住・ロングステイで生じる税 ────── 140

63 マルタ国籍の取得とロングステイの税務／140

64 フランス国籍の取得とロングステイの税務／142

65 英国国籍の取得とロングステイの税務／144

66 ドイツ国籍の取得とロングステイの税務／146

Ⅲ　米州地域への移住・ロングステイで生じる税 ────── 148

67 米国国籍の取得とロングステイの税務／148

7

68 カナダ国籍の取得とロングステイの税務／ 150

69 ケイマン・バハマ国籍の取得とロングステイの税務／ 152

Ⅳ 外国勤務の日本人社員に生じる税 ——————— 154

70 海外赴任する日本人社員の課税関係／ 154

71 帰国した海外勤務社員の課税関係／ 156

72 海外支店に勤務する内国法人役員に対する課税／ 158

73 内国法人の役員の国外勤務に係る外国税額控除の適用／ 160

74 内国法人役員が，外国子会社に出向中に退職して内国法人から退職金の支給を受けた場合／ 162

75 国外で勤務する地方公務員の確定申告／ 164

Ⅴ 年金生活者のロングステイで生じる税 ——————— 166

76 日本の退職年金を受領する者が所得税のない国へ移住した場合／ 166

第4章 他国での活動で生じる税への租税条約等の適用

77 租税条約の種類／ 170

78 国際間の多国間条約／ 172

79 アジア諸国との租税条約／ 174

80 欧州諸国との租税条約／ 176

81 米州諸国との租税条約／ 178

82 中東アフリカ諸国との租税条約／ 180

83 旧ソ連各国との租税条約／ 182

84 タックスヘイブンとの情報交換協定／ 184

85 BEPS防止措置実施条約／ 186

86 租税条約が締結されていない場合の課税関係／ 188

Contents

第5章　国際相続と税

87 相続税のある国とない国／ 192

88 相続税の種類／ 194

89 米国の相続税／ 196

90 韓国の相続税／ 198

91 台湾の相続税／ 200

92 カナダの相続税／ 202

93 タイの相続税／ 204

94 英国の相続税／ 206

95 ドイツの相続税／ 208

96 オランダの相続税／ 210

97 フランスの相続税／ 212

98 富裕層囲い込みの調書制度／ 214

99 富裕層の海外移住による租税回避防止対策／ 216

100 相続税租税条約の適用／ 218

Appendix 1 外国人労働者の増加／ 220

Appendix 2 出入国管理及び難民認定法と在留資格と関連法の
変遷／ 222

Appendix 3 海外へ移住した場合の日本の公的年金の課税／ 224

【引用略語例】
---

① 所………所得税法
② 所令………所得税法施行令
③ 所基通………所得税基本通達
④ 相………相続税法
⑤ 相基通………相続税法基本通達
⑥ 入管法………出入国管理及び難民認定法
⑦ 租税条約等実施特例法………租税条約の実施に伴う所得税法，法人税法及び地方税法の特例等に関する法律

⑧ OECDモデル租税条約………Model Double Taxation Convention on Income and on Capital (2001)
⑨ 日米租税条約………所得に対する租税に関する二重課税の回避及び脱税の防止のための日本国とアメリカ合衆国との間の条約
⑩ 外為法………外国為替及び外国貿易法
⑪ 法………法人税法
⑫ 措法………租税特別措置法

（注１）　日本及び他国が締結した租税条約は，上記⑨の例に倣います。
（注２）　条文の省略は次のように表記します。
　（例）　所得税法第37条第３項第２号イ………所37③二イ

　　本書の内容は，2024年６月26日時点の情報に基づいて解説しています。

（為替レート一覧：2024年６月26日）

通　　貨	引　用　頁	為替レート
シンガポールドル	P.17	117円
バーツ	P.17	4円
ユーロ（EUR）	P.19，141，183，209	170円
米ドル	P.31，77，152，219	159円
（UAE）ディルハイム	P.180	43円
ニュー台湾ドル	P.201	4円
ポンド	P.207	202円

第 1 章

他国で働くための
基礎知識

Ⅰ　国籍の取得

01 国籍の定義と取得方法

⑴　結　論

　国籍取得は永住権取得よりもハードルが高いのが一般的です。海外に移住する目的に応じて，国籍と永住権のどちらを取得するか使い分けることが必要です。国籍取得は国によりその内容が異なりますが，比較的簡単に取れる国と難しい国があります。また，国籍取得は権利の取得と同時に義務として，例えば，兵役（シンガポール），納税義務（米国）等が伴います。

⑵　国籍の定義

　国籍とは，個人が特定の国の構成員であることを意味しています。国際法上，国家は国籍の決定については自由に定めることができることから，これは国内法の問題です。国家は，国籍を有する国民に対してその管轄権を行使することになります。このように国民という地位に対して本国の法が及ぶことを対人主権といいます。日本は，国籍法（昭和25年法律147号）が日本国籍の取得及び喪失等を定めています。

⑶　市民権の定義

　国籍は法的概念であるのに対して，市民権は政治的地位を示し，その国の市民として権利，義務を有するものです。しかし，国によっては，国籍と市民権を同一の取扱いとする国（例えば，カナダ等）があります。

⑷　米国の国籍と市民権の相違

　米国の市民権と国籍は同義ではなく，米国市民は米国国籍を有するこ

12

第 1 章　他国で働くための基礎知識

とになりますが，米国国籍を有する個人がすべて米国市民とは限りません。米国の属領であるプエルトリコ，米領バージン諸島，グアム生まれの個人は米国市民ですが，米領サモア，スウェインズ島の住民（米領サモアにある小島で人口17人）は米国国籍を有しますが，米国市民ではありません。米国国籍を有するが，米国市民でない個人は，連邦の選挙における選挙権がないことが米国市民との相違点です。しかし現在は他領域の市民権保持者とほぼ同等の権利は与えられています。

(5)　国籍の取得方法

　国籍の取得方法は，基本的には以下のとおりです。
1)　出生：出生地主義（米国・カナダ等が採用）と血統主義（日本：父母両系血統主義）があります。
2)　届出（日本）：国籍を取得しようとする者が，①父又は母に認知されていること，②18歳未満であること，③日本国民であったことがないこと，④出生したときに，認知をした父又は母が日本国民であったこと等の要件を満たす場合，法務大臣に届け出ることによって日本の国籍を取得することができます。
3)　帰化：帰化とは，その国の国籍を有しない者（外国人）からの国籍の取得を希望する旨の意思表示に対して，国家が許可を与えることによって，その国の国籍を与える制度のことです。
4)　国際結婚（日本）：日本人（帰化済の元外国人も含みます。）と結婚している外国人は，日本国籍の取得要件が緩和されます。①引き続き3年以上日本に住んでいること（帰化要件の5年が3年に短縮），②日本人の配偶者は「能力要件」も緩和され，18歳を超えていなくても帰化申請が可能です。③日本に3年以上住んでいない場合も，日本人との婚姻期間が3年以上あれば，日本に住み始めて1年で帰化申請ができます。

13

Ⅰ 国籍の取得

02 日本国籍の特徴と重国籍を認めない理由

(1) 結 論

　二重国籍を認めない国籍法（下記参照）は「合憲」であるとした東京地裁判決では，重国籍の弊害を判決理由としていますが，世界の多くの国は，重国籍を認めています。「世界はどうあれ，日本は日本だ」という司法関係者の声が聞こえるようです。

(2) 日本国籍の選択

　日本は重国籍を認めていません。日本の国籍と外国の国籍を有する人（重国籍者）は，一定の期限までにいずれかの国籍を選択する必要があります（国籍法14①）。この期限を徒過してしまった場合であっても，重国籍者はいずれかの国籍を選択する必要があります。国籍法上，期限内に日本の国籍の選択をしなかったときには，法務大臣は，国籍の選択をすべきことを催告することができるとされており，催告された方は，催告を受けた日から1か月以内に日本の国籍の選択をしなければ，原則としてその期間が経過した時に日本の国籍を失うこととなります。

〔国籍法〕（国籍の喪失）

第11条　日本国民は，自己の志望によつて外国の国籍を取得したときは，日本の国籍を失う。

2　外国の国籍を有する日本国民は，その外国の法令によりその国の国籍を選択したときは，日本の国籍を失う。

　日本国籍を選択する者は，①外国国籍の離脱（国籍法14②前段）となり

重国籍解消，②日本国籍の選択宣言（国籍法14②後段）により国籍選択義務履行となります。

　なお，日本は「国籍唯一の原則」を採用していますが，複数国籍者は100万人を超えているといわれています。

⑶　外国で重国籍を認めている国

　条件付きを含め重国籍が認められている国は，米国，オーストラリア，カナダ，英国，フランス，イタリア，スイス，スウェーデン，ブラジル，メキシコ，フィリピン等があります。現在では，重国籍を認めている国が多数派となっています。

⑷　二重国籍を認めない国籍法を「合憲」とした東京地裁判決
（令和3（2021）年1月21日）

　この裁判は，外国籍を取得すると日本国籍を失う国籍法の規定は憲法違反だとして，海外在住の8人が日本国籍を維持していることの確認などを国に求めた訴訟で，東京地裁は令和3（2021）年1月21日に合憲と判断して訴えを退ける判決を言い渡しました。

　争点は前ページの国籍法11条1項の違憲性でした。

　他方，憲法22条2項には，「何人も，外国に移住し，又は国籍を離脱する自由を侵されない」という規定があります。原告側は，この憲法の規定を根拠として，憲法違反を主張しました。

　判決は「個人が複数の国家に主権を持つと国家間の摩擦を生じる恐れがある」と指摘し，外交上の保護や納税をめぐる混乱を避けるために重国籍を認めないという国籍法の目的は「合理的だ」という判断を示しました。憲法22条2項との問題は，「同項は，日本国籍の離脱を望む者に対し，国家が妨げることを禁止するものにすぎない」と指摘し，国籍を維持する権利までは保障していないとして原告の主張を退けました。

Ⅰ　国籍の取得

03 国籍取得をしやすい国（アジア編）

⑴　結　論

　出生あるいは結婚等の場合を除いて，外国人が国籍を取得するのは帰化が一般的です。この場合，単に，その国に長期滞在をすることが必要であれば，永住権の取得という方法もあります。国籍と永住権のどちらの資格を取得するのかは，その者の目的により異なります。他方，滞在先の国を選択する場合に，これらの権利の取得の難易度によって判断することも可能です。

⑵　アジアで国籍等の取得をしやすい国の概要

　日本からの距離も近く，日本に比べて物価も安く，日本からの企業進出も多いのがアセアン（東南アジア諸国連合）に参加するアジア諸国です。アセアン加盟10か国は，インドネシア，カンボジア，シンガポール，タイ，フィリピン，ブルネイ，ベトナム，マレーシア，ミャンマー，ラオスです。

　上記10か国のうち，中国の影響力が強いといわれている，カンボジア，ラオス，産油国のブルネイ，クーデター下にあるミャンマーを除く，インドネシア，シンガポール，タイ，フィリピン，ベトナム，マレーシアの6か国が日本企業の進出先，脱中国の候補国となりますが，ビジネスとの関連では，国籍取得の動機に乏しいように思われます。以下では，ビジネスも含めて，多様なニーズから国籍取得を目指す場合，上記6か国のうち，永住権も含めて，国籍取得が難しいといわれるシンガポールと比較的容易といわれているタイを比較して検討します。

第1章　他国で働くための基礎知識

⑶　シンガポールの場合

　シンガポールは税制面からみると，法人税率17％，個人所得最高税率22％（2023年），24％（2024年）で地方税もなく低税率で，相続税及び贈与税もないことから富裕層には人気がある国ですが，現行ではシンガポールに移住したとしても，日本の相続税の課税を免れることはできません。

　国籍取得の手順は，①書類審査，②指定されたプログラムへの参加及びシンガポールに関する歴史，社会等の学習，③国籍取得の事務手続となります。国籍取得ではなく，永住権の取得も選択肢です。この場合は，日本国籍を維持したままになります。最近は，永住権の承認に国籍ごとの割当てという人数制限が課されて狭き門になっています。永住権取得には，グローバル投資プログラム（GIP）という，250万シンガポールドル（約2億9,250万円）の投資を条件にするものもあります。

⑷　タイの場合

　タイは，アセアン加盟国のうち，日本企業の進出数が一番多い国です。タイの場合は，シンガポールと比較すると国籍，永住権の取得が容易です。取得対象となる者は，語学力があり，1年間の滞在許可を3年以上得ていること，犯罪歴がないことが共通の条件となり，以下の者が対象となります。

　①タイの国内で就労をしている者，②タイ人の配偶者若しくは家族がいる者，③タイに1,000万バーツ（約4,000万円）以上の投資を行っている者，④特殊技能を持った人，です。また，日本に対する割当数は100名です。例えば，タイ企業に就労する日本人社員の場合，①同一企業に直近1年以上就労していること，②直近3年以上就労ビザを保有していること，③直近2年間の月収平均8万バーツ以上若しくは年収10万バーツ以上であること，が永住権取得の条件です。

17

Ⅰ　国籍の取得

04 国籍取得をしやすい国 （欧州編）

(1)　結　論

　国籍あるいは永住権の取得について，本項に掲げた例では，一定の居住期間を必要とします。欧州の場合，EU永住権のようなある範囲で有効な権利の取得も可能です。

(2)　欧州で国籍等の取得をしやすい国の概要

　欧州の状況は，EU加盟国27か国，非加盟国であるノルウェー，アイスランド，スイス，脱退した英国と，EU加盟候補国として，アルバニア，ウクライナ，北マケドニア，セルビア，トルコ，ボスニア・ヘルツェゴビナ，モルドバ及びモンテネグロ，があるという現状です。

　現在，欧州では，ロシアによるウクライナ侵攻，中東及びアフリカからの難民の流入，旧東欧諸国から西側への人口移動という事態に直面しています。欧州で重国籍を認めている国としては，アゼルバイジャン，アンドラ，ウクライナ，エストニア，オーストリア，オランダ，グリーンランド，サンマリノ，ジョージア，スロバキア，ノルウェー，ブルガリア，ベラルーシ，ボスニア・ヘルツェゴビナ，モナコ，モルドバ，があり，その他条件付きで認めている国としては，英国，デンマーク，フランス等があります。したがって，これら地域における国籍の移動等ということはなく，日本から見ての国籍取得という視点になります。

(3)　オランダ

　オランダにおける国籍保有者と永住権保有者の権利の相違点は，永住権では，国民投票に参加できないことと，警察や軍隊など特定の（政

府）分野で働くことができないことです。

　オランダでは，起業ビザは銀行に4,500ユーロ預金すれば取得できます。その後以下の条件を満たす場合，永住権が認められます。
①　保有するパスポートが有効であること，②　オランダに継続して5年間居住していること，③　有効な居住許可を保有していること，④オランダ市民として個人記録データベース（BRP）に継続して登録されていること，⑤　所定の所得があること，⑥　市民化テストの合格証を保有していること。

　また，EU域内に5年間継続して居住するとEU永住権が認められます。

(4)　英国の場合

　英国は，米国，カナダ，オーストラリアと同様に永住権と同様の資格を有して1年後に国籍取得の申請が可能になります。また，米国と同様に，国籍と市民権がほぼ同じ取扱いです。英国の国籍取得は，出生と帰化に大別されます。出生の場合は，親の国籍に基づいて決定される父母両系血統主義が採用されています。条件は以下のとおりです。
①　申請時点の直近5年間，英国に居住していたこと。
②　直近5年間で計450日以上海外に滞在せず，連続して6か月以上出国していないこと，及び過去1年間で90日以上の海外滞在経歴があること。

　永住権の取得では，第1種ビザ（投資家，起業家，特別才能保持者），第2種ビザ（一般就労，転勤）において，それぞれ定められた滞在期間等の条件が課されています。例えば，日本のタレントで英国在住という場合，上記の特別才能保持者のビザであれば，3年以上の滞在と才能を有していることが必要になります。

19

Ⅰ　国籍の取得

05 国籍取得をしやすい国
（米州編）

(1)　結　論

　中国での在留邦人数が約100,000人（2022年）であるのに対して，米国はその約4倍強の約430,000人（2020年）です。なお，米国の場合は永住権を示すグリーンカード保有者に無制限納税義務が課されることに注意が必要です。

(2)　米州で国籍取得をしやすい国

　米州は，北米と中南米を含む南米諸国の他に，カリブ海に散在する多くのタックスヘイブン国及び地域から構成されています。全世界所得に対して納税義務を負う米国市民権を有する者が，税金のないバハマの国籍を有することは可能です。しかし，米国は，市民権離脱に対して税負担を課しています。この地域では，米国，カナダ，メキシコ，ブラジル等が重国籍を認めています。上記以外の国では，南米のパラグアイのように，日本との移住協定があることから，永住権を取りやすい国もありますが，日本からの需要はほとんどないと思われます。やはり，日本からの移住希望が多いのは，米国及びカナダと思われます。本項は，この両国を取り上げます。

(3)　米国の市民権とグリーンカードの取得

　米国国籍と市民権の相違については，**01**(4)で説明しましたので，以下では，米国国籍と市民権を同じ取扱いとして説明します。

　米国では，外国人に永住権を与えた証明書としてグリーンカードが発行されています。このグリーンカードの取得方法にはいくつかの方法が

第1章 他国で働くための基礎知識

ありますが，米国における課税では，グリーンカードを所有する外国人は，米国市民と同様に米国においてそのすべての所得に対して無制限納税義務を負うことになります。グリーンカードを所有した場合，米国への出入国が自由となり，就労に関する職業制限もありません。ただし，選挙権等の市民権に与えられている権利はありません。

　一般的に，日本人社員が米国子会社等に長期に勤務する場合，会社の保証でグリーンカードを取得することができます。その後，問題がなければ，市民権取得というプロセスになりますが，市民権を取得すると，日本国籍を離脱する必要が生じますので，日本国籍を維持することを希望する場合は，グリーンカードのままということになります。市民権の取得については，5年間の米国居住，犯罪歴がないこと，半年以上の国外滞在歴がないこと，5年間の納税申告書の審査等があります。

⑷　カナダの国籍及び永住権取得

　カナダの場合は，連邦法と州法のいずれかで，永住権取得ができます。カナダでは，国籍と市民権がほぼ同義です。というのも，市民権の取得は，永住権のように，5年のうち少なくとも「合計2年（730日）をカナダで過ごす」という居住要件を満たす必要があるからです。また，永住権は5年ごとに更新する必要があります。

　カナダは，連邦法と州法のいずれかで，永住権の取得が認められることから，永住権を取ることが容易といわれています。2023年現在，カナダ在住の邦人数は約70,000人です。

　カナダの市民権で行使できる権利としては，①半永久的にカナダに住み続けることができること，②国内のどこでも居住・就労・就学できること，③18歳まで教育（公立）が無料，歯科，薬を除く医療費が無料であることです。

21

Ⅰ　国籍の取得

06 国際結婚・出生

(1)　結　論
　国際結婚の手続は，国籍取得のための偽装結婚，同性婚の問題等を踏まえて，国によりその内容が異なります。

(2)　国際結婚の場合の公的手続
　外国の国籍を取得する方法には，届出，帰化という一般的な方法以外に，国際結婚，出生という方法もあります。結婚相手となる外国籍女性の国により手続が異なることがあります。以下は一般的な手続の必要書類です。
① 　婚姻届
② 　婚姻届が住民登録以外の役所に提出する場合は戸籍謄本
③ 　外国籍の結婚相手の国籍を証明するためのパスポート
④ 　婚姻要件具備証明書は，外国籍の相手が独身であること，法律的に結婚することに問題がないこと等を証明する書類で，相手の母国の在日大使館あるいは領事館が発行します。国によりこの書類の発行がない場合，法律で定められた結婚年齢に達していること及び結婚に際して自国の法律上で問題ないこと，を宣誓した宣誓書で代用することになります。
⑤ 　婚姻届の受理後に，同じ窓口で「婚姻届受理証明書」を受け取ることができます。この証明書は，日本の役所で婚姻手続を行い受理されたことを証明するもので，この書類を基に相手母国の在日大使館又は領事館で手続を行います。この婚姻届が，在日大使館又は領事館で受理されると，外国籍パートナーの国での婚姻手続完了となります。

第1章　他国で働くための基礎知識

　政府による人口動態調査（2020年公開）によれば，夫が日本人の場合の妻の国籍は，①中国34.5％，②フィリピン24.5％，③韓国12.4％，妻が日本人の場合の夫の国籍は，①韓国25.4％，②米国16.1％，③中国12.2％の割合となっています。

(3)　日本国籍の場合

　日本国籍の夫と外国籍の妻の場合は，国際結婚をしてもお互いの国籍が変わることはありません。一方，日本国籍の妻の場合は，国によって以下のような相違があり，いずれかに該当することになります。
①　日本国籍の妻・外国籍の夫の国籍を変えない。
②　夫の国籍を自動的に取得。
③　「意思表示の手続」を行って夫の国籍を取得する。

(4)　出　生

　米国では国内において出生した場合，市民権を認める出生地主義を採用しています。日本人夫婦がハワイで出産した場合，その子供は米国市民権を有することになるのか，という質問がよくあります。この場合は，日本での戸籍手続と，この子が18歳になる前に国籍の選択が必要になります。この事例とは逆に，米国人夫婦が日本で出産した子供の国籍はどうなるのでしょうか。米国及び米国サモア，スウェイン諸島以外の場所で米国人の両親から生まれた子供は，父母のどちらかが子供の出生前に米国のいずれかの場所に居住していれば，居住年数にかかわらず米国籍を取得できます。

23

Ⅱ　ビザの取得

07　ビザとパスポート，在留資格の違い

(1)　結　論

　ビザ，パスポートと在留資格は，よく混同して使用されていますが，その役割が異なっていることに注意しましょう。

(2)　パスポート（旅券）とは

　パスポートは，海外にいる場合，自らの身分（国籍，氏名，年齢等）を証明することができるものです。さらに，パスポートには，日本国外務大臣名で「日本国民である本旅券の所持人を通路故障なく旅行させ，同人に必要な保護扶助を与えられるよう，関係の諸官に要請する。」という保護要請文が記載されています。

(3)　ビザ（査証），入国許可とは

　外務省及び出入国在留管理庁のホームページにあるビザの説明によれば，日本国査証（ビザ）は，外務省の在外公館において発給されるもので，日本到着後に国内では取得できません。ビザの役割は，外国人が所持している旅券が有効であるという確認と，ビザに記載された条件により入国することに支障がないという推薦を示すものです。このビザは，入国（滞在）許可を保証するものではなく，空港等における上陸申請の要件の1つです。なお，ほとんどの国では，外国人が入国する場合，ビザとは別に出入国在留管理庁の許可が必要になります。

　以上のことから，日本に入国する外国人は，日本が承認した外国政府等の発行した有効なパスポートを所持し，我が国の在外公館（大使館又は領事館）により発給されたビザを所持し，出入国管理及び難民認定法

（入管法）７条１項（入国審査官の審査）に規定されているパスポートやビザが有効であること，日本で行おうとする活動が虚偽のものでなく，かつ，在留資格に該当すること等の上陸条件に適合している場合に上陸が認められることになります。

　日本の場合は，出入国管理を所掌しているのは法務省です。ビザは外務省の所掌事項です。したがって，外国から日本に入国する場合，パスポートとビザを所持していれば必ず上陸できるということではありません。パスポートとビザの所持で上陸申請の要件が整い，さらに，その上で出入国在留管理庁の許可が必要になります。なお，外国人が上陸の際に与えられる在留資格は，外国人が日本に入国し在留して従事することができる社会的活動又は入国し在留できる身分若しくは地位に基づく活動を類型化したもので現在29種類の在留資格があります。

(4)　外国親会社から日本に出向した外国人社員の在留資格

　海外から日本へ，親会社や子会社など関連する会社内での転勤の際に取得できるビザは，企業内転勤ビザです。仕事内容は，開発や営業，マーケティングなどのホワイトカラー職に限定されています。

　審査の要件となるのは，以下の４つです。

①　親会社に少なくとも１年以上勤務していること。

②　仕事内容が「技術・人文知識・国際業務」と同じ，専門的知識を用いた会社員の仕事であること。

③　転勤期間が決まっていること。

④　日本人と同等の給与額があること。

　在留期間は３か月，１年，３年，５年となっており，案件ごとに判断されます。更新することも可能です。一般的には，外国人社員は，税負担の重くなる税法における永住者（非永住者以外の居住者）となることを避けるために，３年で帰国します。

Ⅱ　ビザの取得

08 日本の在留資格の種類

(1)　結　論
　外国人労働者を受け入れる場合，活動内容から各種の在留資格があり，それぞれに要件等と在留期間が定められています。

(2)　在留資格
　在留資格は，以下の29とおりです。以下の１）から25）は活動資格で，26）から29）は身分資格です。
　１）外交，２）公用，３）教授，４）芸術，５）宗教，６）報道，７）高度専門職，８）経営・管理，９）法律・会計業務，10）医療，11）研究，12）教育，13）技術・人文知識・国際業務，14）企業内転勤，15）介護，16）興行，17）技能，18）特定技能，19）技術実習，20）文化活動，21）短期滞在，22）留学，23）研修，24）家族滞在，25）特定活動，26）永住者，27）日本人の配偶者等，28）永住者の配偶者等，29）定住者

(3)　主たる在留資格と在留期間
　上記の在留資格のうち，一般的に利用される資格の在留期間は以下のとおりです。
8）経営・管理：企業等の経営者・管理者で５年，３年，１年，６月，4月又は3月
9）法律・会計業務：弁護士，公認会計士等で５年，３年，１年又は3月
14）企業内転勤：外国の事業所からの転勤者で５年，３年，１年又は3月
21）短期滞在：観光客，会議参加者等で90日若しくは30日又は15日以内の日を単位とする期間

第 1 章　他国で働くための基礎知識

22）留学：大学，短期大学，高等専門学校，高等学校，中学校及び小学
　　校等の学生・生徒で法務大臣が個々に指定する期間（４年３月を超え
　　ない範囲）
23）研修：研修生で１年，６月又は３月

(4)　在留期間の更新（入管法21）

　在留資格を有している外国人は，原則として付与された在留期間に
限って日本に在留することができることとなっています。例えば，上陸
許可等に際して付与された在留期間では，在留目的を達成できない場合
に，いったん出国し，改めて査証を取得し，入国することとなると外国
人本人にとって大きな負担となります。
　入管法は，法務大臣が日本に在留する外国人の在留を引き続き認める
ことが適当と判断した場合に，在留期間を更新してその在留の継続が可
能となる在留期間更新許可申請の手続を定めています。その際に考慮さ
れる事項は以下のとおりです。
①　行おうとする活動が申請に係る入管法別表に掲げる在留資格に該当
　　すること
②　法務省令で定める上陸許可基準等に適合していること
③　現に有する在留資格に応じた活動を行っていたこと（申請人である
　　外国人が，現に有する在留資格に応じた活動を行っていたことが必
　　要）
④　素行が不良でないこと
⑤　独立の生計を営むに足りる資産又は技能を有すること
⑥　雇用・労働条件が適正であること
⑦　納税義務を履行していること

27

Ⅱ　ビザの取得

09 在留カードとマイナンバーカード

(1)　結　論
　入管法の改正による在留カードの創設とマイナンバーカードの導入がなされて制度が大きく変わったことに要注意です。

(2)　外国人登録制度の廃止
　現在,「在留カード」が外国人の住民基本台帳になっています。この制度改正の背景には,平成21 (2009) 年7月の入管法の改正があります。改正入管法の公布日から3年以内に新たな在留管理制度に移行することとなり,公布から3年目の平成24 (2012) 年7月にそれまであった外国人登録制度が廃止されました。

(3)　在留カード
　在留カードは,90日以上の中長期滞在者に対して交付され,これに該当する外国人は,新たに住民票を作成し住民基本台帳に登録されることになりました。
　在留カードには,氏名,生年月日,性別,国籍・地域,住居地,在留資格,在留期間,就労の可否など,出入国在留管理庁長官が把握する情報の重要部分が記載されています。記載事項に変更が生じた場合には変更の届出を義務付けており,常に最新の情報が反映されることになります。在留カードは携帯することを義務付けられています。また,16歳以上の方には顔写真が表示されます。在留カードの対象者は,中長期在留者で以下の①〜⑥に該当しない者です。
①　3か月以下の在留期間が決定された外国人

28

② 短期滞在の在留資格が決定された外国人

③ 「外交」又は「公用」の在留資格が決定された外国人

④ 上記の①から③の外国人に準ずるものとして法務省令で定める外国人

⑤ 特別永住者（第二次世界大戦の以前から日本に居住して日本国民として暮らしていた外国人で，サンフランシスコ平和条約により日本国籍を失った方々です。）

⑥ 在留資格を有しない外国人

　上記⑤に対して，法律上の用語では永住者と一般永住者があります。これらの者は，一定の要件を満たして永住許可申請をし，許可され，日本国に永住している外国人のことです。令和4（2022）年末時点でこれに該当する方は863,936人となっています。

(4)　外国人とマイナンバーカード

　マイナンバーは，日本の全住民へ付番された個人識別用の12桁の番号です。平成27（2015）年10月5日から，個人番号の指定が始まり，平成28（2016）年1月からは，行政手続における個人番号の利用が開始されました。

　上記で述べた在留カードが交付された在日外国人は，交付後に住民登録をして，住民票に登録された住所にマイナンバー通知書が送付されます。在日外国人が中長期在留者として認定されると，先に『在留カード』が交付されます。在留カード交付後に住民登録をして，住民票に登録された住所あてに届くマイナンバー通知書を受け取ります。その後に，マイナンバーカードを作成すれば，在留期間更新許可申請や在留資格変更許可申請などの在留手続をオンラインで申請することができます。

Ⅱ　ビザの取得

10 ビザを取得しやすい国 （アジア編）

(1)　結　論

　アジア諸国では，フィリピン，タイ，マレーシア等が，永住権あるいはビザを取得しやすい国といわれています。

(2)　海外在留邦人にカウントされない者

　日本人が外国に観光等の短期の滞在を除いて3か月以上現地に住所又は居所を定めて滞在する場合，在留届の提出義務が旅券法に定められています。外務省は，この届出に基づいて海外在留邦人数をカウントしています。

　日本からビジネスで外国出張する場合に，滞在日数を増やすため観光ビザで入国し期限満期が近づくと，一度出国して再度入国するのは不法就労になる可能性があります。トラブルにならないためにも，正式のビザを取得して入国することがベストでしょう。

(3)　フィリピンのビザ

　フィリピンは，アジア諸国の中でも永住権取得が比較的容易な国といわれています。

　永住権取得以外にも，1年程度の滞在を希望する場合，9種類のビザがありますが，そのうちの主たるものは以下のとおりです。

　①ビザなしの場合（30日間），②観光ビザ（59日間），③長期滞在ビザ（国内にコンドミニアム等を所有していることが条件で最長1年間），④雇用ビザ，等です。

　フィリピンの就労ビザの1つである雇用ビザ（Pre-Arranged

Employment Visa）は外国人が国内で就労する際に取得するビザです。

　上記以外では，所定の投資（75,000ドル，約1,192万円以上）をした場合に21歳以上が申請できる特別投資家ビザ（投資が続く限り滞在可）や，フィリピン政府指定の事業に投資する場合に取得できる特定投資居住ビザがあります。これらのビザも滞在期限はありません。

(4)　タイの観光ビザ等

　タイは，日本企業の進出先として有名であるとともに，全日制の日本人学校があるので日本人に人気です。全日制日本人学校は上海，シンガポール，台湾，香港，マレーシア，ベトナム，ドイツ，タイとありますが，2校存在するのは台湾とタイだけです。

　日本人が利用すると思われるビザは，①ビザなし（30日），②シングル観光ビザ（60日＋延長30日＋2回出国で最大180日），③マルチプル観光ビザ（60日＋延長30日＋出国で最大300日）です。

(5)　タイの就労ビザ

　非永住の就労ビザ（Non-Immigrant B）の有効期間は3か月です。有効期間内の90日以内を延長することで，以降は1年ごとの延長手続が可能です。このビザは，駐日タイ王国大使館又はタイの移民局へ必要書類を提出して取得することができます。タイで提出する場合は，所持するビザの滞在有効期間が15日以上必要となります。ビザの取得後にワークパーミット（労働許可証）を取得することになりますが，この申請は日本ではできません。タイ入国後に，タイ労働省雇用局へ行き，取得申請を行います。

　ワークパーミット（労働許可証）取得申請は雇用者の責任になります。なお，ワークパーミット（労働許可証）の受領は労働者本人しかできません。

Ⅱ　ビザの取得

11 ビザを取得しやすい国 （欧州編）

(1)　結　論

　欧州での滞在とビザ取得の有無の関係は，EU加盟国と下記で説明するシェンゲン協定が重複して適用になります。双方の加盟国が同一ですと問題はないのですが，異なっていることから，その適用に注意が必要です。

(2)　シェンゲン協定

　欧州では，国境検査なしで国境を越えることを許可する条約であるシェンゲン協定が締結されています。加盟国は29か国ですが，EUに加盟していないアイスランド，スイス，ノルウェーが含まれています。

(3)　オランダ

　欧州主要国である英，独，仏については，**64〜66**で説明しますので，ここでは，永住権あるいはビザの取りやすい国に焦点を当てて説明します。

(4)　オランダのビザ（ビザなし滞在の場合）

　シェンゲン協定が2013年10月18日から改正されて，ビザなしの滞在期間は「あらゆる180日間の期間内で90日以内」となりました。これは，入国を予定している日から180日遡り，その期間内の滞在日数が90日を超えていないことが条件です。

　例えば，オランダから他のシェンゲン協定加盟国に入国した場合，日数は洗替えではなく，加算される方式です。

32

第 1 章　他国で働くための基礎知識

⑸　オランダのビザ（就労ビザの場合）

　日本企業からオランダ企業に派遣される社員の企業内転勤（Intra-Corporate Transferees：以下「ICT」）の場合，その対象者は，次のすべてに該当している必要があります。

①　EU，EEA（欧州経済領域）諸国及びスイス以外の国籍保有者であること。

②　マネージャー，スペシャリスト，研修員であること。

③　オランダ国内にある一定の資本関係がある同一企業グループへの転勤であること。

④　申請時の主な住所がオランダ域外であること。

⑤　EU域外企業との雇用契約があること。

⑥　オランダの受入会社が経済的活動をしていること。

　このICTパーミットの有効期間は，マネージャー，スペシャリストは最長で3年，研修員は最長で1年です。

⑹　チェコのビザ

　チェコでは，観光等の場合は，ビザなしで90日以内の滞在が認められます。上述したシェンゲン協定加盟国では90日以内の渡航におけるビザ申請が免除されており，パスポートのみで入国が認められています。ただし，2024年に導入が予定されている事前渡航認証制度"ETIAS（エティアス）"が施行された際は，事前にETIASを取得する必要があります。ETIASはシェンゲン協定加盟国へ入国する際に年齢を問わず必要となる渡航認証です。有効なパスポートとクレジットカードを用意し，オンラインにて申請手続ができます。

Ⅱ　ビザの取得

12 ビザを取得しやすい国（米州編）

(1)　結　論

　米国とカナダは，渡航者の審査のためのシステムを導入しましたが，その利用法が異なっています。また，カナダには就労ビザ取得のための審査があります。

(2)　米国の場合

　中南米あるいは南米ではビザの取得が容易な国がありますが，日本から見て，これらの国のビザの需要が多いとは思えません。

　この地域で在留邦人数が多いのは，米国（約43万人）とカナダ（約7万人）です。日本と関係の深いブラジル在住の邦人数は約47,000人です。米国では，永住権が取得できるグリーンカード等を除いて，一般用のビザとしては，ビザ免除プログラムと被移民ビザに分かれます。

(3)　ビザ免除プログラム（Visa Waiver program：VWP）

　VWPは，米国政府が定めた国・地域（日本は含まれています。）の市民のみ利用が認められるビザ免除制度です。対象国の市民はビザを取得せずに最長90日以内の米国滞在が認められますが，渡航目的は観光や短期商用に限られています。

　VWPによる渡航者は，電子渡航認証システム（Electronic System for Travel Authorization：ESTA）を申請します。渡航者は，渡航前にESTAにより認証される必要があります。ESTAは，VWPを利用して渡米する渡航者の適格性を判断するもので，2009年1月12日から義務化されています。

34

第 1 章　他国で働くための基礎知識

(4)　就労ビザ

　就労ビザは，非移民ビザに含まれ，この非移民ビザには，貿易駐在員ビザ，投資駐在員ビザ，学生ビザ，就労ビザ及びその他の非移民ビザが含まれます。

　例えば，日本親会社から米国子会社に出向となる社員の場合は，L-1ビザが必要となります。L-1ビザの申請資格を満たすには，管理職又は役員であること，若しくは専門知識を有し，米国の会社でこれらのレベルのいずれかの役職に就く必要があります。この場合，当該社員である申請者は転勤を命じる日本親会社において，米国への入国申請前の3年間の内1年間，米国外で継続的に雇用されていなければなりません。このビザは通常3年間有効です。

(5)　カナダ入国とeTA（Electronic Travel Authorization）

　2016年3月より空路でのカナダ入国には，電子渡航認証であるeTA（有効期限5年間：一度の滞在期限6か月）が必要となりました。eTAは空路でカナダへ入国する場合のみに必要となる渡航認証で，米国を経由して陸路や海路でカナダへ入国する際はeTAを申請する必要はありません。

(6)　カナダの就労ビザ

　カナダの就労ビザには，雇用主・職種を限定しないオープン就労ビザと雇用主・職種を限定したクローズド就労ビザ（Closed Work Permit）があります。就労ビザの有効期限は1～2年で，就労ビザは延長も可能です。

　就労ビザを取得するためには，就労ための審査「Labor Market Impact Assessment：LMIA」があります。

35

Ⅱ　ビザの取得

13 ワーキングホリデービザ協定

(1)　結　論

　日本は，多くの国とワーキングホリデーの協定を締結しています。この協定に基づいて発給される査証（ビザ）は，観光あるいは留学のビザとその性質が異なっています。その目的は，両国の若年層を相互に受け入れることで理解を深めることですが，滞在する資金に対する手当てとして，受入国で短期間就労することを認めています。なお，日本で所得を得た場合は，非居住者としての課税対象になります。

(2)　ワーキングホリデー制度の概要

　この制度は，2国間で，最長1年間異なった文化の中で休暇を楽しむことで相互理解を深めつつ，その間の滞在資金を補うために付随的に就労することを認める特別な制度のことです。この制度は，観光ビザ，留学ビザあるいは就労ビザとは異なり，一定の年齢層向けの特別な渡航のためのものです。

(3)　ワーキングホリデーの協定締結国

　日本は，昭和55年（1980年）にオーストラリアとの間でワーキングホリデー制度を開始したのを皮切りに，令和5（2023）年8月1日現在以下の29か国・地域との間で同制度を導入しています。

アイスランド，アイルランド，アルゼンチン，ウルグアイ，英国，エストニア，オーストラリア，オーストリア，オランダ，カナダ，韓国，スウェーデン，スペイン，スロバキア，台湾，チェコ，チリ，デンマーク，ドイツ，ニュージーランド，ノルウェー，ハンガリー，フィンランド，フランス，香港，ポルトガル，

36

第1章　他国で働くための基礎知識

ポーランド，ラトビア，リトアニア

⑷　ワーキングホリデー制度に関する日伊間協定の条文構成

　ワーキングホリデー制度に関する日伊間協定（日伊協定）は，令和4（2022）年5月2日に締結されていますが未発効のため，上記の⑶には含まれていません。以下は最新型の条文構成，全7条の見出しです。なお，見出しは筆者が付けました。

　第1条（ビザ発給要件）では，(a)から(k)まで11要件が規定されていますが，外務省のHPに掲げられている各協定の共通事項は以下のとおりです。

● 相手国・地域に居住する相手国・地域の国民・住民であること。
● 一定期間相手国・地域において主として休暇を過ごす意図を有すること。
● 査証申請時の年齢が18歳以上30歳以下であること（オーストラリア，カナダ，韓国及びアイルランドとの間では18歳以上25歳以下ですが，各々の政府当局が認める場合は30歳以下まで申請可能です。また，アイスランドとの間では18歳以上26歳以下の方が申請可能です。）。
● 子又は被扶養者を同伴しないこと。
● 有効な旅券と帰りの切符（又は切符を購入するための資金）を所持すること。
● 滞在の当初の期間に生計を維持するために必要な資金を所持すること。
● 健康であること。
● 以前にワーキングホリデー査証を発給されたことがないこと。

　第2条以下は次のとおりです。第2条（ワーキングホリデー査証の申請），第3条（滞在許可と就労），第4条（査証の発給数），第5条（受入国の法令遵守），第6条（協定の実施），第7条（発効・終了）

37

Ⅲ 在外邦人・在留外国人の数

14 在外邦人数

(1) 結 論

在外邦人数及び海外進出企業拠点の数字から，海外へ出る日本人の動向が推測可能です。

(2) 在外邦人数の推移

外務省の資料に基づいて平成2（1990）年以降，10年間隔の在外邦人の人数の動向をまとめると，次のようになります。合計人数（長期滞在者＋永住者）の後のカッコ書きは，長期滞在者数です（令和3（2021）年10月現在）。令和2（2020）年から令和3（2021）年に人数の減少がありますが，これはコロナの影響です。

平成2（1990）年	620,174人（374,044人）
平成12（2000）年	811,712人（526,685人）
平成22（2010）年	1,143,357人（758,788人）
令和2（2020）年	1,357,724人（827,916人）
令和3（2021）年	1,344,900人（807,238人）

(3) 地域別邦人数

下表は，地域別の邦人数（長期滞在者＋永住者）です。

北米	在留邦人全体の約37.2%（500,786人）
アジア	約29.4%（395,749人）
西欧	約15.9%（213,310人）
大洋州	118,984人
南米	75,033人

38

第1章　他国で働くための基礎知識

以下，中米（13,889人），東欧・旧ソ連（11,192人），中東（9,820人），アフリカ（6,106人）となっています。

(4)　国別邦人数

下表は，国別邦人数（長期滞在者＋永住者）です。

米国	429,889人（構成比32%）
中国	107,715人（8%）
オーストラリア	93,451人（6.9%）
タイ	82,574人（6.1%）
カナダ	70,892人（5.3%）

以下，英国，ブラジル，ドイツ，韓国，フランスの順となっています。

(5)　海外進出日系企業数

外務省資料による令和4（2022）年時点における日系企業の海外拠点数は，中国が31,324，米国が8,673，タイが5,856，インドが4,901，ベトナムが2,373，インドネシアが2,103です。

(6)　アジア諸国の日系企業海外拠点数

外務省作成の日系企業のアジア諸国における拠点数は令和4（2022）年で以下のとおりです。上記の国以外では，フィリピン（1,434），台湾（1,502），マレーシア（1,593），シンガポール（1,084），韓国（809），ミャンマー（540）です。タイがインドを超えました。

アセアン参加国における在留邦人数（2020年）は，タイ（81,187人），シンガポール（36,585人），マレーシア（30,973人），ベトナム（23,497人），インドネシア（18,191人），フィリピン（16,890人），カンボジア（5,057人），ミャンマー（3,569人），ラオス（833人）でした。

39

Ⅲ　在外邦人・在留外国人の数

15 在留外国人数

(1)　結　論
　日本での在留外国人は増加しています。増加している原因は，技能実習，特定技能の在留資格の該当者の増加です。

(2)　在留外国人数の概要
　出入国在留管理庁の資料によれば，令和5（2023）年6月末現在における在留外国人数は，3,223,858人で，前年末に比べ201,334人増加しています。在外邦人数が約130万人であることから，在外邦人数の倍以上の外国人が日本に居住していることになります。

(3)　国・地域別在留外国人
　以下は，国・地域別の在留外国人数と構成比のランキング上位10です。
①　中国744,551人（構成比25.1%）
②　ベトナム476,346人（構成比16.1%）
③　韓国412,340人（構成比13.9%）
④　フィリピン291,066人（構成比9.8%）
⑤　ブラジル207,081人（構成比7.0%）
⑥　ネパール125,798人（構成比4.2%）
⑦　インドネシア83,169人（構成比2.8%）
⑧　米国57,299人（構成比1.9%）
⑨　タイ54,618人（構成比1.8%）
⑩　台湾54,213人（構成比1.8%）
　前年比では，ベトナム（10%増），ネパール（29.5%増），インドネシ

40

第 1 章　他国で働くための基礎知識

ア（39％増）の増加が目立っています。

　上記統計の10年前の平成24（2012）年の総数は2,023,656人で令和5
（2023）年6月では3,223,858人と10年で約120万人増加しています。

　上記統計の平成24（2012）年のランキングは，①中国（652,595人），
②韓国（489,431人），③フィリピン202,985人，④ブラジル（190,609人），
⑤米国（48,361人）です。この10年間にベトナムは52,367人→520,154人，
と急増しています。

(4)　在留資格別
　在留資格別のランキングは以下のとおりです。
①　永住者（845,693人）（構成比28.6％）
②　技能実習（327,689人）（構成比11.1％）
③　技術・人文知識・国際業務（300,045人）（構成比10.1％）
④　特別永住者（292,702人）（構成比9.9％）
⑤　留学（260,767人）（構成比8.8％）

　国別・在留資格別で，人数の増加したベトナム，インドネシアの人数
増加の原因は，在留資格の特定技能の増加です。

　在留資格「特定技能1号」及び「特定技能2号」が入管法の改正によ
り平成31（2019）年4月から実施され，特定技能1号（特定産業分野に
属する相当程度の知識又は経験を必要とする技能を要する業務に従事す
る外国人向けの在留資格）在留者数：173,089人（令和5年6月末現在），
特定技能2号（特定産業分野に属する熟練した技能を要する業務に従事
する外国人向けの在留資格）在留者数：12人（令和5年6月末現在）と
なっています。

　なお，特定産業分野とは，介護，ビルクリーニング，素形材・産業機
械・電気電子情報関連製造業，建設，造船・舶用工業，自動車整備，航
空，宿泊，農業，漁業，飲食料品製造業，外食業です。

41

Ⅳ　銀行口座の開設

16 外国人が日本で銀行口座を開設

【事例】

　日本の不動産は値上がり傾向にありますが，それでもインフレが進行している海外の不動産に比べると格安感があります。そこで，日本の不動産投資に将来性を感じている外国人が，日本の不動産を購入し，途中賃貸して，売却（回収）までの間の資金の管理のために国内に銀行口座を開設したいと考えていますが，可能でしょうか。

　また，留学や商用で在留資格を有している外国人の場合は，銀行口座を開設できるのでしょうか。

(1) 結　論

　留学ビザ，就労ビザを有しない外為法上の非居住者である外国人は，通常，日本で銀行口座を開設できません。したがって観光等の短期滞在の目的で日本に滞在している外国人は，日本の銀行口座は開設できないことになります。

　一方，外為法上居住者とされる滞在期間が6か月以上の外国人は，必要書類を用意できれば，日本人と同じように，銀行口座を開設できます。

(2) 解　説

　国内法上は，外為法上の非居住者とされる外国人が日本で銀行口座を開設できない規定はないようですが，国内の銀行では，コンプライアンスや外為法の管理上の制約のため，ほとんどの金融機関で，口座開設を受け付けていないようです。

42

第 1 章　他国で働くための基礎知識

　なお，外為法では，国内での滞在が 6 か月未満の外国人は非居住者と推定されています（外為法通達 6 - 1 - 5，6）。一方でそれ以外の永住ビザや就労ビザを有し 6 か月以上滞在する外国人は居住者になります。

　金融機関は居住者口座及び非居住者口座を管理して，日本銀行（財務省）等に種々の報告をすることになっています。そのため管理ソフトを維持し，各支店がそれぞれの口座を管理する必要があります。また，銀行に求められるコンプライアンスや CRS（金融情報の自動的情報交換）等の観点から，銀行口座を開設する外国人の本人確認をし，その後も継続的に管理する必要があります。それに対応する人員の事務量や煩雑さを嫌って非居住者の口座開設を制限しているようです。

　最近では，日本の不動産等へ投資する非居住者ならだれでも口座開設ができることをうたう東京スター銀行（台湾の中国信託銀行の子会社）が現れましたが，現時点で開設可能なのは，台湾のパスポートを持っていて，台湾に居住し，台湾の国民身分証を提出できる人に限定されており，どの国の外国人も開設できるわけではないようです。

　国内にも富裕層を対象とするプライベートバンク機能を有する金融機関がありますが，プライベートバンクは長期投資を目的としているので，事例のようなリテールバンク機能は通常，扱っていません。

　外為法上居住者とされる外国人が銀行口座を開設する場合，パスポートや在留カード等の身分と住所を証するものが必要となります。

　外国人が国内で銀行口座を開設する場合，現状では，ほとんどの金融機関が外為法上非居住者に該当する外国人の口座開設を受け入れていませんが，外為法上居住者に該当する外国人については，住所と身分を証明する書類を用意できれば銀行口座の開設が可能となっています。

Ⅳ　銀行口座の開設

17 日本人が外国で銀行口座を開設

--- 【事例】 ---
　日本人が長期滞在の目的で外国に滞在し，現地での便宜を図るために
滞在先で銀行口座を開設することは可能でしょうか。
----

(1)　結　論
　外国でその国の永住ビザや就業ビザを有しない日本人は，プライベー
トバンクを除いて，通常，その外国で銀行口座を開設できません。
　いわゆる長期滞在のためのビザを取得している場合は，現地で銀行口
座を開設できます。

(2)　外国での銀行口座の状況
　外国でその国の永住ビザや就業ビザを有しない日本人は，その国の非
居住者として扱われます。非居住者に対して銀行口座を提供するのは，
主として，プライベートバンクに限定されています。
　スイス，シンガポール，香港等にあるプライベートバンクでは，300
万米ドル以上の金融資産がない人の開設は受け入れていないといわれて
います。
　香港が，実質的に中国本土と一体化されたあと，香港の銀行に預けて
いた資金が，中国政府の管理下に置かれることを回避したい多くの投資
家は，香港以外の国（アジアではシンガポール）に金融資産を移管して
いるようです。そのため，この300万米ドルの基準が，人気のあるプラ
イベートバンクでは500万米ドル以上に引き上げられているようです。

44

第 1 章　他国で働くための基礎知識

(3)　リテールバンクの場合

　日本において通常の銀行はリテールバンクといわれています。日本での永住ビザや就業ビザを有しない外国人は，リテールバンクの口座は開設できません。

　同様にどの外国でも，現地にとっての外資系の会社を設立しても，経営陣に永住ビザや就業ビザを有している人がいないと，現地でのコンプライアンスやCRS等の関係で会社の銀行口座が開設できなくなっています。

(4)　外国で銀行口座が開設できる場合

　なお，以上の例外として，カンボジアと米国があります。両国は，CRS（金融情報の自動的交換）が実施されていない国ですが，その国の非居住者にあたる外国人でも銀行口座を開設することができます。

　米国・ハワイの銀行では日本語対応の窓口を有するところもあり，実際にハワイに行って口座を開設することができます。

　カンボジアのアグレダ銀行は，三井住友銀行が一部出資し，窓口には同行からの出向社員もいます。アグレダ銀行の場合は，日本から郵送で口座開設が可能です。必要書類（証明書類は公証人役場での認証が必要）を郵送して，審査が通ると 2 週間後には開設されるようです。カンボジアの銀行口座の開設は，最近人気がありますが，その理由として，①カンボジアはCRSの条約に加盟しているが，まだ情報交換が実施されていないので秘匿性が高い，②米ドルの定期利率（5 年定期の年利6.25％）を利用できる，③郵送のみで開設が可能，④ネットバンキングが利用できる，⑤VISAデビットカードが取得できる，⑥オフショア法人でも開設が可能であることが挙げられています。

45

Ⅳ　銀行口座の開設

18 外国で日本の年金を受け取ることの可否

┌─ 【事例】 ────────────────────────────┐
　定年後の再雇用が終了したら外国へ移住する予定です。できれば移住
先の外国で年金を受け取りたいのですが，可能でしょうか。
└────────────────────────────────────┘

(1)　結　論

　可能です。ただし，外国で年金を受取申請するのが，年金そのものの
受取申請前か後によって，若干手続が異なります。

(2)　前　提

　日本人の方が海外で暮らしながら公的な老齢年金等を受け取るには，
海外に移住するときに，市区町村に「海外転出届」の届出をします（こ
の書類は市区町村によっては「異動申出書」などの名称になっていま
す）。また，在外公館（現地国の日本大使館や日本領事館）に「在留届」
の届出を行うことも必要です。

(3)　手　続

・　海外に居住している人が年金を受け取る場合

　「年金請求書（国民年金・厚生年金保険老齢給付）」に次の事項等を
記入し，年金事務所等に提出します。併せて，「外国居住年金受給権者
住所・受取金融機関 登録（変更）届」を提出します。

①　本人関係：氏名，住所，郵便番号，基礎年金番号，生年月日，電話
　　番号

46

第 1 章　他国で働くための基礎知識

② 年金の受取口座関係：金融機関名，金融機関コード，支店コード，預金種別，口座番号
③ これまでの年金の加入状況：加入した年金の種類，加入履歴，改姓の履歴，加入していない期間，配偶者の氏名等
④ 現在の年金の受給状況等及び雇用保険の加入状況
⑤ 配偶者・子について
⑥ 加給年金額に関する生計維持の申し立てについて
⑦ 代理人に委任する場合の委任事項
⑧ その他年金機構独自項目

- **海外に居住して年金を受けている人が海外の金融機関の口座への振込を希望する場合**

① 届出の提出：海外に居住して年金を受けている人が海外の金融機関の口座への振込を希望するときは，「外国居住年金受給権者 住所・受取金融機関 登録（変更）届」を提出します。

　年金の振込先として指定する金融機関名や口座番号等を記載の上，その口座証明，小切手帳の写し，通帳の写し等を添付して提出します。

② 留意事項：振込先変更後の初回振込手続には，3～4週間かかる場合があります。海外の金融機関への年金の送金は，国ごとに送金通貨を指定しています。個々に希望する通貨を指定することはできません。欧州の場合はユーロ，それ以外は米ドルになりますが，個別にその国の通貨での受取りが認められている国として，豪州，デンマーク，ニュージーランド，ノルウェー，シンガポールなどがあります。

- **海外へ転出して，海外の金融機関で受け取る場合**

「外国居住年金受給権者 住所・受取金融機関 登録（変更）届」を提出します。

Ⅳ　銀行口座の開設

19 海外で銀行口座を開設した情報の日本での取扱い

┌--- 【事例】 ---
│　海外投資のために外国に銀行口座を開設する予定です。その情報は日
│本に通じるのですか。
└---

(1) 結　論
　CRS（金融情報の自動的交換）により，毎年，個人及び特定法人の金融情報は，日本の国税庁に送られます。

(2) CRSの概要
　CRSは，各国政府が国際的な脱税や租税回避に対処するための制度です。我が国では，租税条約等実施特例法に規定されています。
　CRSの基本は，金融機関が，個人と特定法人（公益法人，上場企業等以外の法人で，①資産性の所得が50％以上又は，②法人の資産のうちに占める資産性資産の割合が50％以上の法人（①と②，ともに該当する資産を含みます。））の金融情報を毎年各国政府に提出し，その情報をOECD（経済協力開発機構）で開発した共通受信システムを通じて毎年自動的に交換されるものです。

(3) CRSで提供される情報
　次の情報が提供されます。

口座保有者の氏名（法人名），住所	口座保有者の居住地国
口座保有者の納税者番号	口座残高

第 1 章　他国で働くための基礎知識

利子，配当等の年間受取総額等	

(4)　CRSの現状

CRSの報告対象国	初回交換時期未定国
106か国です。金融機関等が所轄税署長に提出すべき令和6年の報告分の対象国です。この中には，米国は加入していないので含まれていません。アジアでは，インド，シンガポール，タイ，大韓民国，台湾，中華人民共和国，香港等が入っています。	アジアでは，カンボジアとフィリピンがCRSに加盟していますが，初回交換時期未定国になっています。

(5)　CRS以外の情報交換

　CRS以外の情報交換として，通常の租税条約のほか，税務行政執行共助条約があります。通常は，CRSの加盟国と重複しています。

・　**租税条約**

　租税条約の情報交換規定は，①要請に基づく個別事案の情報交換，②自動的情報交換，③自発的情報交換に分かれ，CRSは②自動的情報交換の多国間の条約といえます。

　米国はCRSに加盟していませんが，日米租税条約の情報交換によって，金融情報（利子や配当等だけ。所得を生まない口座情報の送付はない）が自動的に送られています。

・　**税務行政執行共助条約**

　この条約は，現在120か国で締結されています。この中にも情報交換の規定では，①要請に基づく情報交換，②自動的な情報交換，③自発的な情報交換，④同時税務調査，⑤海外における租税に関する調査等が規定されています。

49

Ⅴ　社会保障制度

20 日本と社会保障協定を締結している国

【事例】

　最近，我が国は外国と社会保障協定を締結しているようですが，その
ような協定は必要なのでしょうか。

---

(1)　結　論

　社会保障協定は，「二重加入の防止」と「年金加入期間の通算」をす
るため必要です。

　社会保障協定が締結される背景等は，次のとおりです。

(2)　国際間の人的移動に伴う課題

　国際間の人的移動に伴い，日本から外国に派遣され就労している被用
者及び外国から日本に派遣され就労している被用者について，次のよう
な問題が生じています。

二重加入	年金受給資格の問題
相手国に派遣され就労している人については，派遣中でも自国の年金制度に継続して加入している場合が多く，自国の公的年金制度と相手国の公的年金制度に対して二重に保険料を支払うことを余儀なくされていること。	日本の公的年金制度に限らず，外国の公的年金制度についても老齢年金の受給資格の1つとして一定期間の制度への加入を要求している場合がありますが，相手国に短期間派遣され，その期間だけ相手国の公的年金制度に加入したとしても老齢年金の受給資格要件としての一定の加入年数を満たすことができない場合が多いため，年金受給資格を確保できないこと。

第 1 章　他国で働くための基礎知識

(3)　社会保障協定の締結

　これらの問題を解決するために，以下の２つを主な内容とした社会保障協定を締結しています。

- **適用調整**

　相手国への派遣の期間が５年を超えない場合には，当該期間中は相手国の法令の適用を免除し自国の法令のみを適用し，５年を超える場合には，相手国の法令のみを適用する。

- **保険期間の通算**

　両国間の年金制度への加入期間を通算して，年金を受給するために最低必要とされる期間以上であれば，それぞれの国の制度への加入期間に応じた年金がそれぞれの国の制度から受けられるようにする。

(4)　各国との社会保障協定発効状況及び協定相手国の情報

　社会保障協定の発効状況は，2024年４月１日にイタリアとの間で社会保障協定が発効し，これにより，日本は下表の23か国との間で協定が発効することになります。なお，英国，韓国，中国及びイタリアとの協定については，「保険料の二重負担防止」のみとなります。

---

①ドイツ，②英国，③韓国，④米国，⑤ベルギー，⑥フランス，⑦カナダ，⑧オーストラリア，⑨オランダ，⑩チェコ，⑪スペイン，⑫アイルランド，⑬ブラジル，⑭スイス，⑮ハンガリー，⑯インド，⑰ルクセンブルク，⑱フィリピン，⑲スロバキア，⑳中国，㉑フィンランド，㉒スウェーデン，㉓イタリア

---

(5)　社会保障協定の仕組みと手続

　各社会保障協定の内容は，多くの点で共通していますが，協定を締結する相手国の制度内容等に応じて，それぞれ対象となる制度等が異なる箇所があります。詳しくは協定を結んでいる国との協定発効時期及び対象となる社会保険制度をご覧ください。

Ⅴ 社会保障制度

21 外国における社会保険料が掛け捨てになる場合

【事例】

外国で支払った社会保険料が掛け捨てになる場合があるようですが，どのような場合に掛け捨てになるのですか。

---

(1) 結 論

外国と日本で二重に支払った場合のほか，外国で支払った社会保険料のうち年金に対応する部分については，加入期間等の期間制限がありますが，それに満たない期間でその外国から転出する場合，加入期間を充足しないので年金に対する受給権が得られず，次のとおり掛け捨てになります。

・ **二重に保険料を支払っている場合**

相手国に派遣され就労している人については，派遣中でも自国の年金制度に継続して加入している場合が多く，自国の公的年金制度と相手国の公的年金制度に対して二重に保険料を支払うことを余儀なくされていることがあります。2つの国の公的保険に加入して保険料を支払っていても，医療を受けたときにカバーされる保険は1つですので，他の保険料は掛け捨てになってしまいます。

・ **年金受給資格の問題**

日本の公的年金制度に限らず，外国の公的年金制度についても老齢年金の受給資格の1つとして一定期間の制度への加入を要求している場合がありますが，相手国に短期間派遣され，その期間だけ相手国の公的年金制度に加入したとしても老齢年金の受給資格要件としての一定の加入

第1章　他国で働くための基礎知識

年数を満たすことができない場合が多いため，年金受給資格を確保できないことになり，外国で支払った保険料は，掛け捨てになってしまいます。

(2)　社会保険料が掛け捨てにならない方策

国民健康保険の場合，日本での住民登録の抹消とともに国民健康保険から外され，国民健康保険の加入者が海外で就職しても二重課税の問題は発生しないので，次のような方策が考えられます。

- **日本での給与の支払いを止める**

社会保険料の場合，日本での給与の支払いが要件とされていますので，日本での給与の支払いを止めて，全額現地で支払うのも1つの方策になります。そうすると，日本での社会保険料の支払いがなくなります。その場合，海外に出向期間中の社会保険料を支払わないことによる老後の不利益については，海外での出向期間が終了する前に一時金で相当額を補てんする等の処遇をします。これは，海外出向者に対する較差補てん金の取扱いとなりますが，昨今，日本での給与が海外に比べて低い場合も増えており，出向元で較差を補てんできないケースも増えてきているので，この現状にも対応することになります。

- **海外赴任の長期化**

日本との社会保障協定を締結していない国に派遣される場合は，現地の社会保険の受給資格が得られるまでの長期間の赴任を考えるのも1つの方法になります。海外への派遣は3年から5年が多いようです。最近は海外赴任要員が少なくなっているため，現実的な選択になりそうです。

- **現地の人を採用する**

最近の傾向では，海外赴任を回避する人が多いようです。そのため，日本人の派遣を諦めて現地の人を採用するか，現地から来日して日本で働いている人を派遣するといった方法も考えられます。

Ⅴ 社会保障制度

22 外国における医療保険の適用

【事例】

外国における医療保険の適用はどのようになっていますか。

---

(1) 結 論

先進国以外では日本と異なり国民皆保険制度を採用している国はほとんどありません。公的な医療保険の適用も治療の一部のみとなっていて，貧富の差によって受けられる医療給付が異なっている国も多くあります。

米国，英国，中国の医療保険は，次のとおりです。

(2) 米 国

先進国で唯一構造的に無保険者を抱えている国です。

アメリカの公的医療保険は，65歳以上の高齢者と障害者などを対象とする「メディケア」と，低所得者を対象とする「メディケイド」のみです。この2つでカバーされない現役世代は民間医療保険が中心です。別途，会社が従業員に提供する医療保険もありますが，そのカバーする保険の範囲も各人で異なっているようです。

いわゆる「オバマケア」により，公的医療保険に入っていない人々は民間の保険会社への加入を義務付けられましたが，受診できる医療機関が限られていたり，いまだ無保険者も多く，所得により受けられる医療給付には大きな格差があります。アメリカの医療費は日本に比べて非常に高額で，虫垂炎の入院医療費を見てみると日本では約31万円なのに対して，アメリカの私立病院では約599.5〜816.5万円かかるといわれています。

54

第 1 章　他国で働くための基礎知識

⑶　イギリス

　イギリスでは，公的保険は原則無料（処方箋料等の少額負担あり）ですが，まず，患者ごとに決められた医師に受診しなければなりません（登録制）。医療サービスは税方式で運営されており，原則として無料ですが，緊急でない場合は 2 〜 3 週間以上待たされることもあるようです。

⑷　中　国

　中国の社会保障施策は，2021年，いわゆる「第 3 子政策」が導入されるとともに，出産・育児に対する政策支援を強化する方針が明記され，一部の都市では介護保険制度が試行的に実施され，制度枠組みの構築に向けた模索が続けられています。高齢化に伴う医療・年金関係給付の増加や，「共同富裕」の理念のもとでの所得再分配機能の強化等が主要な課題となっています。

　中国の社会保障制度は，1951年に「労働保険条例」が制定され，都市部において，政府機関や国有企業等の従業員に対する年金給付，医療給付等が制度化されたことに起源を有します。また，農村部においては人民公社等の生産団体ごとの集団内における互助制度の形で社会保障が整備されてきました。その後，改革開放政策の導入や経済発展に応じて制度は改正されましたが，基本的には，都市戸籍と農村戸籍という戸籍による区分，公務員，企業従業員，農民といった職業による区分を基本として制度化が進められてきました。

　都市部では主に労働者を対象にして，年金，医療，失業，労災，出産の各分野において社会保険制度があります。農民工等に対する行政区をまたぐポータビリティの確保や，フレキシブルワーカーへの社会保険の適用徹底が課題となっており，政府は関連制度の整備・適用促進を行っています。

55

V　社会保障制度

23 日本における医療保険の適用

┌─【事例】────────────────────────────────
│　日本における医療保険の適用はどのようになっていますか。
└──────────────────────────────────────

(1)　結　論

　日本における医療保険は，国民皆保険になっており，世界最高レベルの平均寿命と保健医療水準を実現しています。

(2)　日本の国民皆保険制度の特徴

● 国民全員を公的医療保険で保障しています。
● 医療機関を自由に選べるフリーアクセスです。
● 社会保険方式を基本としつつ，皆保険を維持するため公費が投入されています。

(3)　日本の国民医療費の負担構造 （財源別：令和3年度）

　日本の国民医療費は，公費が38％，残りを被保険者28.3％，事業主21.6％，そして患者が11.6％負担しています。

■患者の負担割合

75歳以上	75歳以上の後期高齢者医療制度の対象者は原則1割負担。ただし，現役並み所得者は3割負担，現役並み所得者以外の一定所得以上の者は2割負担
70歳から74歳	2割負担が原則。ただし，現役並み所得者は3割負担

義務教育就学後から69歳まで	3割負担
義務教育就学前	2割負担

(4) 保険者の種類

　保険者は，都道府県等の国民健康保険，全国健康保険協会管掌健康保険，組合管掌健康保険，そして共済組合です。

(5) 高額療養費制度

　高額療養費制度は，自己負担が過重なものとならないよう医療機関の窓口において医療費の自己負担を支払った後，月ごとの自己負担限度額を超える部分について，事後的に保険者から償還払いされる制度です。同一の医療機関における一部負担金では限度額を超えない場合であっても，同じ月の複数の医療機関における一部負担金（70歳未満の場合は21,000円以上であること）を合算でき，この合算額が限度額を超えれば高額療養費の支給対象になります。なお，自己負担限度額（月80,100円が基本）は，被保険者の所得に応じて設定されています。

(6) 公的医療保険の給付内容

　給付は，医療給付と現金給付に分かれ，医療給付は，療養の給付（訪問看護療養費），入院時食事療養費，入院時生活療養費（65歳以上），高額療養費（自己負担額限度額超の部分）に分かれます。現金給付は，出産育児一時金，埋葬料，傷病手当金，出産手当金に分かれます。

(7) 外国人の加入

　外国籍の方で日本での在留期間が3か月を超える人は国民健康保険に加入しなければなりません。外国籍の方で会社員の場合は，国内で会社員になった後，健康保険に加入することになります。

Ⅵ　生活環境

24 格安航空券の利用状況

【事例】

　海外へ旅行しますが，日本での格安航空会社の格安航空券はどのようになっていますか。

⑴　結　論
　格安航空券は，大手航空会社に比べ運賃が大幅に安い格安航空会社（Low Cost Carrier, LCC）の航空券の総称です。

　各航空会社では，コロナ禍で内外の移動が遮断されたことから多くの航空関係者が解雇等をされたため，コロナ禍後も人手不足等の種々の理由でコロナ禍前の運行状況には戻っていないのが現状です。

　国内の主な国際空港に就航しているLCCと路線は，次のとおりです。

⑵　成田空港に就航している主なLCCと路線

成田～ソウル（仁川）	ジンエアー，ティーウェイ航空等
成田～釜山	チェジュ航空，エアプサン
成田～台湾（台北桃園）	ジェットスタージャパン等
成田～香港	ジェットスタージャパン，バニラエア
成田～マニラ	ジェットスタージャパン，セブパシフィック
成田～上海（浦東）	ジェットスタージャパン
成田～タイ（バンコク）	エアアジアX
成田～ケアンズ・ゴールドコースト	ジェットスター

第1章　他国で働くための基礎知識

(3)　羽田空港に就航するLCCと路線

羽田〜ソウル（仁川）	ピーチ
羽田〜台湾（台北桃園）	ピーチ
羽田〜上海（浦東）	ピーチ，春秋航空
羽田〜香港	香港エクスプレス
羽田〜クアラルンプール	エアアジアX

(4)　名古屋（セントレア）空港に就航する主なLLCと路線

名古屋（セントレア）〜ソウル（仁川）	チェジュ航空
名古屋（セントレア）〜台湾（台北桃園）	ジェットスター等
名古屋（セントレア）〜上海（浦東）	春秋航空
名古屋（セントレア）〜香港	香港エクスプレス
名古屋（セントレア）〜マニラ	ジェットスタージャパン

(5)　関西空港に就航している主なLCCと路線

関空〜ソウル（仁川）	ピーチ，ジンエアー等
関空〜釜山	ジンエアー，ティーウェイ航空等
関空〜済州	ティーウェイ航空
関空〜台湾（高雄）	ピーチ
関空〜台湾（台北桃園）	ピーチ，ジェットスタージャパン，バニラエア
関空〜香港	ピーチ，ジェットスタージャパン
関空〜上海（浦東）	ピーチ，春秋航空
関空〜重慶・洛陽・天津・武漢・西安・揚州	春秋航空
関空〜マニラ	ジェットスタージャパン等
関空〜グアム	ティーウェイ航空
関空〜ハワイ（ホノルル）	スクート，エアアジアX
関空〜クアラルンプール	エアアジアX
関空〜ベトナム（ハノイ）	ジェットスタージャパン
関空〜ゴールドコースト・ケアンズ	ジェットスター

　なお，LCCは路線の開設や廃止を機動的に行うので，常に注意が必要です。

59

Ⅵ　生活環境

25 日本の住宅事情

【事例】

　日本に転入する予定の外国人です。日本の住宅事情はどうなっていますか。

---

(1)　結　論

　外国人は希望する地域や予算に合わせていろいろな住宅を選択することができます。外国人が日本の住宅を選択する場合，注意すべきことはいろいろとあります。

(2)　日本の家屋の特色

　外国の住宅と比べて日本家屋は次のような特色があります。これらに注意して住宅を選択する必要があります。

調湿機能が高い。	「瓦」の機能性が高い。
耐久性，柔軟性，耐震性が高い。	畳の部屋がある。
縁側，床の間，書院などの独特のスペースがある。	「ふすま」で部屋の間取りを変えられる。
「玄関土間」というつくり。	「引き戸」はスペースをつぶさない。

(3)　日本の不動産の特色

　日本の住宅事情の特色の１つは，安全な住環境が全国にあることです。外国では，外国人にとって非常に危険な地域もあり，外国人が住める場所が限定されています。

　さらに，外国人の不動産の所有が原則として自由なことも日本の特色

第 1 章　他国で働くための基礎知識

です。外国では，土地の所有は自国人等に限定している国が多いのですが，日本の場合は外国人も所有が可能で，所有権を有することもできます。以上をもとに，外国人の方は，自分の予算等の範囲でいろいろな住宅を選択することができます。

(4)　住宅の選択

・　**所有か賃借か**

　外国人もお金に余裕がある場合などは，投資を兼ねて日本の不動産を所有することも可能です。所有するほどの余裕がない場合等は，日本の不動産を賃借することになります。

　また，長期間ホテルを借りるという選択肢もあります。

・　**一戸建てかマンションかアパートか**

　所有するか賃借するかにかかわらず，一戸建てにするかマンションかアパートにするかを選択することになります。

・　**賃借の場合，公営か私営か**

　賃借する場合，公営住宅にするか私営住宅にするかを選択することになります。外国人の場合，公営住宅の入居条件を満たすことは難しいのですが，ある程度の日本での滞在期間等の条件をクリアできれば，私営住宅に比べて安価な公営住宅に住むことができます。

・　**都会か田舎か**

　現在の日本は東京，大阪，名古屋，福岡，仙台，札幌等の大都市に人口が集中していますが，外国人の方の中には，日本の自然を愛好する方々もいるので，その場合は田舎を選択することになります。

・　**留学生の場合**

　留学生の場合，学校等の寮や近接する場所にあるアパート等に居住することになります。

61

Ⅵ　生活環境

26 アジアの住宅事情

┌‑‑【事例】‑‑┐
　アジアに移住する予定です。アジアの住宅事情はどうなっていますか。
└‑‑‑┘

(1)　結　論

　アジアの各国では，外国人はその国の不動産（土地）を取得できません。したがって，所有するとしてもマンションが限度になります。

　日本人の海外永住ランキングの上位にある中国，タイ，韓国の住宅事情については，次のとおりです。

(2)　中国の住宅事情

　都市の中心区域の土地は国の所有に属し，農村の土地及び都市の郊外地区の土地は，農民集団所有に属すると規定されています。中国の不動産を購入した場合，土地は購入できず，住宅の場合は70年間の使用権を購入したにすぎないことになります。外国人が中国に居住する場合は，通常は，マンションやアパートを賃借することになります。

(3)　タイの住宅事情

　外国人は，タイの土地を購入することができません。タイの住宅には，コンドミニアム，アパート，サービスアパートの３つの物件のタイプがあります。

コンドミニアム	部屋ごとに異なる個人オーナーが所有している物件です。日本の分譲マンションと似ています。

62

第 1 章　他国で働くための基礎知識

アパート	タイのアパートは，建物の全体を法人のオーナーが所有する物件です。コンドミニアムと比べて家賃は割高なケースが多いですが，管理やサポートがしっかりしているので日本人駐在員にも人気があります。
サービスアパート	アパートにメイドや生活備品などの付加価値（サービス）が備わったタイプの物件です。

■住宅の特徴

家具は備付けが一般的です。	キッチンは簡易なものです。外食が中心なためです。
バスタブ付の物件は少ないです。シャワーはあります。	集合住宅の場合，フィットネスジムやプール，子供のための遊び場などもあります。
最寄りの駅やスーパーまでのサービスカー付きの物件が多いです。	メイドがいる場合が多いです。

(4)　韓国の住宅事情

　韓国の住まいの形態は，主に「アパート」，「ヴィラ」，「単独住宅」，「多世帯住宅」，「オフィステル」といったものに種別されます。

アパート	圧倒的に人気があるのは「アパート」で，これは日本でいうマンションにあたります。
ヴィラ	「アパート」よりも低層（概ね4階建て）のマンションです。
単独住宅	戸建て住宅です。
多世帯住宅	1つの建物に2世帯以上が住めるよう，住居空間が分離されている住まいです。
オフィステル	ワンルームタイプの住まいで，1人暮らしや事務所としても利用されています。

　韓国の住宅購入者の多くはアパート（日本でいうマンション）を購入しており，ソウルや釜山といった人気エリアには高層マンションが建ち並び，中には100階建ての超高層マンションもあります。

63

Ⅵ　生活環境

27 米国・豪州の住宅事情

┌ 【事例】 ─────────────────────────────
│　将来米国か豪州に移住する予定ですが，住宅事情はどうなっています
│　か。
└────────────────────────────────────

(1)　結　論

　先進国の場合，不動産を購入することができ，ライフスタイルに合わ
せて多様な居住スタイルをとることが可能です。

　日本人の海外永住ランキングの上位にある米国と豪州の住宅事情は，
次のとおりです。

(2)　米国の住宅事情

　アメリカの住宅の種類はHouse（一軒家），TownHouse，Apartment，
Condominiumなどがあります。

一軒家	アメリカの一軒家はSingle/Multi-family Houseなどと呼ばれます。アメリカは広大な土地があるので，家のサイズは大きいものから小さいものまで様々あります。敷地内には庭があるのが一般的です。
タウンハウス	タウンハウスは，物件が隣り合わせになっている集合住宅です。2，3階建だったり，地下があったりと様々ですが，どこかの壁が隣の家の壁と合わさっています。日本でいう長屋といった感じですが，タウンハウスは，地域によって価格が異なりますが，一般的には一軒家よりも手頃な価格になります。
アパートメント	アパートメントは，日本でのマンションにあたります。アパートメントというのはキッチンを備えたリビングルーム＋ベッドル

64

第 1 章　他国で働くための基礎知識

	ームがいくつかあるタイプの部屋のことです。また，日本でいういわゆるアパート（比較的小さめの集合住宅）は，apartment complexと呼ばれます。
コンドミニアム	コンドミニアムは分譲タイプのマンションで，通常のアパートメントより高級感があり，家具や什器類は備え付けでレセプション，プール，ジム，テニスコートなどがあるようなところが多くセキュリティも充実している住宅です。

(3)　オーストラリアの住宅事情

　オーストラリアでの一般的な賃貸住宅のスタイルは，フラット（ユニット，アパートメント），ハウス，ホームステイ等があります。日本でいう，マンション（集合住宅），アパートや一戸建てにあたります。現地でマンションは「大豪邸」を意味しますので注意が必要です。

フラット	1つの建物に2，3部屋のみの小さなユニットもあれば，日本でいうマンションや，何百もの部屋が1つのビルに入っているというアパートメントスタイルもあります。施設が充実したアパートメントであれば，ビル内にジムやプールがあったり，地下に駐車場がある場合が多いです。
戸建て	Semi Detached House（セミディタッチハウス），Terrace House（テラスハウス），一戸建て（House）など。大概は2〜3ベッドルーム以上。稀に，オーナーが家を空けるのでその間だけ，という条件で家具付きで短期間のみ入居者を募集することがあります。
ホームステイ	基本的には，ベッド付きの1部屋を借りるものです。朝夕食込みです。長期滞在には向きませんが，家が見つかるまでの1つ目の滞在方法としてのオプションになり得ます。一緒に住むオージーがいれば，英語の勉強にもなり，特に学生はこの方法を採る人が多いようです。
コンドミニアム	部屋が見つかるまでの間の一時滞在場所として，キッチン付きコンドミニアムが挙げられます。こちらは安くありませんので，短期滞在のビジネスマンなどが多く利用しています。

65

第 2 章

インバウンドの人的交流

I 高度外国人材の採用

28 高度外国人材関連法等の進展

(1) 結論

　高度外国人材の優遇措置は，諸外国と競争状態にあります。我が国では人数増加目標が設定され，その目標達成が制度の成績評価になります。

(2) 高度外国人材関連制度の変遷

　高度外国人材は，就労可能な在留資格である専門的・技術的な分野の在留資格を有する外国人労働者のことです。現在，各国は，この種の人材獲得競争を行っていて，各種の優遇措置を講じています。日本は，この競争に出遅れた感があります。

　以下は，高度外国人材関連に関する制度等の変遷です。

平成20（2008）年ごろ	高度外国人材受入政策の本格的展開がスタートしました。
平成21（2009）年5月	報告書「外国高度人材受入政策の本格的展開」作成
平成24（2012）年5月	高度外国人材の受入れを促進するため，高度外国人材に対しポイント制を活用した出入国在留管理上の優遇措置を講ずる制度を導入しました。この措置は，高度外国人を，「高度学術研究活動」，「高度専門・技術活動」，「高度経営・管理活動」の３つに分類して，「学歴」，「職歴」，「年収」等の項目ごとにポイントを設け，その合計額が70点に達した場合に出入国管理上の優遇措置を受けることができるというものです。
平成25（2013）年12月	高度外国人材ポイント制の見直し
平成28（2016）年6月	「日本再興戦略2016－第４次産業革命に向けて－」において「日本版高度外国人材グリーンカード」創設が提言されました。これにより永住許可申請に要する在留期間５年を１年に短縮す

68

第2章　インバウンドの人的交流

	る検討が開始されました。
平成29（2017）年4月	高度外国人材ポイント制の見直し（在留期間の短縮等）
平成31（2019）年3月	高度人材ポイント制の特別加算対象大学が拡大されました。
令和3（2021）年7月	世界に開かれた国際金融センターの実現に向けた高度人材ポイント制における優遇措置の拡充についての検討。
令和4（2022）年9月	岸田首相，在留資格制度の見直しなどに向けた検討を進める考えを示しました。
令和5（2023）年4月	出入国在留管理庁は「特別高度人材制度（J-Skip）」を導入しました。

(3)　J-Skipの概要

　在留資格としては，ポイント制によらず学歴又は職歴と年収が所定の水準以上であれば，「高度専門職（1号）」を付与されます。

　追加優遇措置としては，高度人材ポイント制の優遇措置に加え，拡充した優遇措置を受けられます。

① 世帯年収が3,000万円以上の場合，外国人家事使用人2人まで雇用可能になります。

② 配偶者は，在留資格「研究」，「教育」，「技術・人文知識・国際業務」及び「興行」に該当する活動に加え，在留資格「教授」，「芸術」，「宗教」，「報道」及び「技能」に該当する活動についても，経歴等の要件を満たさなくても，週28時間を超えて就労が認められます。

69

I　高度外国人材の採用

29 高度外国人材の範囲と対象者数

(1) 結 論

　高度外国人材の受入れは国家戦略です。そのため，要件が緩和される傾向にあります。

(2) 高度外国人材確保に対する日本政府のスタンス

　日本の場合，少子高齢化と経済のグローバル化の進展する中で，経済成長をするために外国から高度の能力を有し，多彩な価値観，経験，ノウハウ，技術を有する個人を受け入れるというのが国家戦略です。

(3) 高度外国人材の範囲の変遷

　高度外国人材の法制度等の変遷は，**28**で記述しましたが，高度外国人材の範囲という観点から整理・要約すると以下のようになります。

　全体としては，その基準が緩和され，その範囲が拡大しました。

・　ポイント制の導入

　法務省は，平成24（2012）年5月に高度外国人材の受入れを促進するため，出入国在留管理上の優遇措置を講ずる制度の判定のために，高度外国人材に対しポイント制を導入しました。

　これは，高度外国人を，「高度学術研究活動」，「高度専門・技術活動」，「高度経営・管理活動」の3つに分類して，「学歴」，「職歴」，「年収」等の項目ごとにポイントを設け，その合計額が70点に達した場合に出入国管理上の優遇措置を受けることができるというものです。「高度学術研究活動」とは，日本の公私の機関との契約に基づいて行う研究，研究の指導又は教育をする活動のことです。また，「高度専門・技術活動」と

70

は，日本の公私の機関との契約に基づいて行う自然科学又は人文科学の分野に属する知識又は技術を要する業務に従事する活動のことで，「高度経営・管理活動」とは，日本の公私の機関において事業の経営を行い又は管理に従事する活動のことです。

これらに該当する者は，「高度専門職1号」となり，その活動を3年以上行うと「高度専門職2号」になります。

1号に与えられる優遇措置は，①複合的な在留活動の許容，②在留期間「5年」の付与，③在留歴に係る永住許可要件の緩和，④配偶者の就労，⑤一定の条件の下での親の帯同，⑥一定の条件の下での家事使用人の帯同，⑦入国・在留手続の優先処理です。さらに2号該当になると，在留期間無期限等が加わります。

- **ポイント制の見直し**

平成29（2017）年4月に高度外国人材の認定に係る年収基準の見直し（年収として認める報酬の範囲に係る見直し等），永住が許可されるための在留歴の短縮（現行の5年を3年とする等）といった高度人材に対する優遇制度の見直しが行われることになりました。

- **特別高度人材制度（J-Skip）の導入**

令和5（2023）年4月に出入国在留管理庁は「特別高度人材制度（J-Skip）」を導入しました。J-Skipの概要については，**28**を参照してください。

(4) 国籍・地域別在留者数

令和4（2022）年末では，国籍別・地域別在留者の比率は，①中国（63.9％），②インド（5.7％），③韓国（4.4％），④米国（4.1％），⑤台湾（3.2％），⑥その他（18.6％）です。

Ⅰ 高度外国人材の採用

30 各国の高度外国人材招聘競争

(1) 結 論

　各国の高度外国人材のプログラムは，優遇措置を認める一方，資格要件には厳しいものがあります。

(2) 米 国

　米国では，医師，会計士，財務アナリスト，コンピュータ関連等の特殊な技能を有する職業に従事する者に対してH–1Bビザが発給されます。発給のためには，米国の移民局に申請して許可証（Ⅰ–797）を発行してもらいます。

　H–1Bビザの申請枠は一般枠が6万5千件，米国で高度な学位を取得した外国人留学生の2万件の計8万5千件です。ただし，米国が自由貿易協定を締結しているシンガポールの場合は，一定数の割当てがあります。いずれにせよ，日本の高度外国人材の受入枠が4万人ですから，米国はその約2倍ということになります。

　H–1Bビザは，米国の4年制大学を卒業した外国人に利用されることが多いビザですが，海外で学士号を取得している者あるいは同程度の実務経験がある外国人労働者も対象となります。

　H–1Bビザ保持者の滞在期間は3年で，さらに3年の延長が可能なため通算6年まで滞在可能です。最長滞在期間の経過後，米国外に1年滞在すれば再度H–1Bビザを申請できます。

(3) オーストラリア（豪州）

　外国籍の者は豪州へ渡航する際に，電子渡航認証システム（ELECTRIC

TRAVEL AUTHORITY SYSTEM：ETAS）が必要です。ETASを利用して豪州に滞在できる期間は最長で３か月です。１回の滞在につき３か月以上の滞在を希望される方はETASではなくビザの申請が必要です。

　豪州では，技術者，医療関係者，教育研究，経済（会計士等），その他で，移住必要職業リスト）に掲載されている職業の者は，申請前に，適格年令（18歳から49歳未満），英語力，技術職業査定等のポイント制審査を受けて，独立永住権を取得します。

(4)　シンガポールのTech.Pass

　シンガポールは，従来高度なスキルを有する外国人を積極的に受け入れることによって，人材不足の解消と経済成長の促進を図ってきました。

　シンガポールは，2023年１月より「能力の高い技術者を対象」としてTech.Passと呼ばれる就労パスを発行しています。Tech.Passの発行は，テクノロジーの分野でシンガポールが世界で高い競争力を持つことを目的としています。これは，2019年に開始されたTech@SGプログラムの延長線上にあるプログラムです。

　Tech.Pass取得の資格要件は，以下の３つの要件のうちの２つを満たす必要があります。

---

①　過去１年間の固定月給が20,000米ドル以上であること
②　時価総額が５億米ドル以上，又は資金調達額が3,000万米ドル以上のテクノロジー関連企業で管理職（チームリード等も含む）を５年以上経験していること
③　月間アクティブユーザー数が10万以上，又は収益が１億米ドル以上の技術製品の開発において，主導的な役割を果たした経験が５年以上

　Tech.Passの有効期間は５年です。

Ⅰ　高度外国人材の採用

31
法的優遇措置

⑴　結　論
　日本政府は高度外国人材の受入数を 4 万人としていますが，優遇措置の追加により人数の拡大が必要になることも想定されます。

⑵　創設時の優遇措置
　高度外国人材の受入推進のための優遇措置は，法務省が平成24（2012）年 5 月に出入国管理上の優遇措置を講じたことが始まりです。
　このときは，「学歴」，「職歴」，「年収」等の項目ごとにポイントを設けて，そのポイントの合計が70点に達した場合に出入国管理上の優遇措置を与えるというものでした。
　その優遇措置とは，複合的な在留活動の許容，在留期間「 5 年」の付与，在留歴に係る永住許可要件の緩和，入国・在留手続の優先処理，配偶者の就労，親の帯同，高度人材に雇用される家事使用人の帯同等でした。

⑶　高度外国人材ポイント制の見直し
　平成28（2016）年 6 月に閣議決定された「日本再興戦略2016」において，70点以上のポイントを認められた高度外国人材については，永住許可申請に要する在留期間を当初の 5 年から 3 年に短縮，80点以上のポイントで認められた場合は，永住許可申請に要する在留期間を当初の 5 年から大幅に短縮し 1 年とすることとなりました。さらに，成長分野（IT等）において所管省庁が関与する先端プロジェクトに従事する人材に対する10点加算等のポイント加算措置の見直しが行われました。

74

第2章　インバウンドの人的交流

(4)　高度人材ポイント制の特別加算対象大学の拡大

　平成31（2019）年3月に日本政府は「高度人材ポイント制」の加点対象大学について，原案では，東京大学をはじめとする国立大学及び私立では慶應義塾大学，早稲田大学など全国13大学に限られていましたが，この対象が100校に拡大されました。

(5)　在留資格制度の見直し

　この背景には，令和2（2020）年12月の金融庁所管の金融審議会により「市場制度ワーキング・グループ　第一次報告 ―世界に開かれた国際金融センターの実現に向けて―」が公表されたことがあります。法務省は，①ポイント制における特別加算，②家事使用人の雇用要件の緩和，③「短期滞在」の在留資格に係る特例措置，④高度外国人材の就労する配偶者に係る入国・在留手続の優先処理等の優遇措置の拡充を行いました。これらの動きを受けた，首相の発言は以下のとおりです。

「世界各国がしのぎを削る人材獲得競争の時代を迎えている。各国では，より高度な人材を取り込むため，在留資格を優遇する制度を取り入れているのが現実だ。世界の状況を見るかぎり，まだまだ日本の取り組みは足りない」

(6)　出入国在留管理庁「特別高度人材制度（J-Skip）」導入

　日本政府は，令和5（2023）年4月に，高度外国人材に係る新たな受入策（J-Skip）を導入しました。人材獲得ランキングにおいて日本はOECD加盟国のうち25位と下位であったことから，年収2,000万円以上の技術者らが滞在1年で永住権を申請できる制度を新設し，世界の上位大学の卒業者に就職活動で最長2年の滞在を認める等の優遇措置の拡大を決定し，同年4月から実施しました。

75

Ⅰ 高度外国人材の採用

32 税制上の優遇措置

(1) 結 論

　日本の税負担が諸外国に比べて高いということの認識が立法者に乏しく，国内法の枠内のバランスという視点を取り除く必要があるように思われます。

(2) 税制の動向

　高度外国人材について，平成24（2012）年の導入時には，日本の税制が厳しいということで，批判的な意見が多くありました。これに対して，主として，金融庁が中心となって税制上の特別措置を講じる動きを示しました。高度外国人材は，所得税法あるいは相続税法では，外国籍で，所得税法上の非永住者，相続税法上の無制限納税義務者に該当する場合もあることから，このような税負担を課すことをどのように避けるのかが課題でした。このことは，高度外国人材受入という政策課題遂行のため，これらの者に対して「税制特区」ともいうべき特例措置を講じたといえます。

(3) 非永住者の規定の改正 (平成29年度)

　平成29年度税制改正により所得税法7条1項2号の非永住者の課税所得の範囲の規定は以下のように改正されました。

　「第95条第1項（外国税額控除）に規定する国外源泉所得（国外にある有価証券の譲渡により生ずる所得として政令で定めるものを含む。〔中略〕）以外の所得及び国外源泉所得で国内において支払われ，又は国外から送金されたもの」

第2章　インバウンドの人的交流

　上記のカッコ書きの部分は，国外の証券取引所で行われた株式の譲渡に係る所得を国外源泉所得とし，上記の政令（所令17）に規定する，有価証券でその取得の日がその譲渡の日の10年前の日の翌日から当該譲渡の日までの期間（その者が非永住者であった期間に限ります）内にないもののうち，所定の譲渡により生ずる所得が除かれることになりました。

　具体的には，過去10年以内に永住者であった期間内の取得で所定の譲渡により生じた所得は課税対象とならないとしています。

(4)　相続税・贈与税の見直し（平成29年度及び令和３年度の改正）

　日本国内に住所を有する高度外国人材に該当する者が被相続人で，国外に居住する相続人が外国籍の場合，日本においてすべての財産に相続課税がある事態を解消するために改正されました。

　例えば，短期滞在の外国人に該当する，所定の在留資格の者で過去15年以内の国内居住合計が10年以下の場合，相続人が外国居住であれば，国内財産のみの課税となります。

　令和３（2021）年度の改正では，高度外国人材の者が被相続人の場合，その居住期間にかかわらず，外国に居住する家族等が相続により取得する国外財産を相続税の課税対象としないこととされました（贈与税についても同様です）。

(5)　外国人から見た日本の税制

　日本に長期に居住する場合，日本の相続税の高税率は，批判の対象です。例えば，高度外国人材の国別上位の第１位中国（65.5％），第２位インド（5.5％）は相続税がありません。また，第４位の米国（3.8％）は，相続税（遺産税課税）はありますが，控除額（2023年1,292万ドル：約18億円）が大きいことから，納税義務の生じる可能性は低いといえます。

Ⅱ　外国人技能実習・外国人労働者の課税

33 外国人技能実習制度の概要

(1)　結　論

　我が国の外国人技能実習制度については，労働力不足の働き手補充と考えている企業等もあり，一部に制度の趣旨から外れるものがあります。今後どのように改善されるのか見守る必要があります。

(2)　外国人技能実習制度の意義と問題点

　本制度は，日本が先進国として技能，技術又は知識の開発途上国等への移転を図り，開発途上国等の経済発展を担う「人づくり」に協力することを目的としたものです。

　しかし，令和5（2023）年に，本制度は転職を認めないにもかかわらず，報酬の高い企業等への転職により「失踪」した（在留資格を失う）者が9,000人を超えたことで，制度自体の再検討が論議されています。

(3)　外国人技能実習制度の変遷

　本制度の変遷は，以下のとおりです。

技能実習制度の導入 **（平成5（1993）年）**	技能実習制度は，出入国管理及び難民認定法別表第一の二に定める「技能実習」の在留資格で日本に在留する外国人が報酬を伴う実習を行う制度です。
技能実習制度関連の改正法**が施行****平成22（2010）年7月1日**	改正事項は下記のとおりです。 ・在留資格「技能実習」の創設 ・研修生は入国後2か月間は講習を受講。内容は日本語や生活習慣，法令等に関する知識等です。 ・講習修了後は，企業との雇用契約に基づく技能修得活動に従事します。

第2章　インバウンドの人的交流

	・入国後2年目以降は1年目に修得した技能を要する業務に従事可能。 ・期間は，講習及びその後の活動を合わせて最長3年間。 ・受入団体の企業に対する指導・監督・支援の強化。 ・不正行為を行った企業の受入禁止期間が従来の3年から5年に延長されました。
新しい技能実習制度の実施 平成29（2017）年11月1日以降	平成28（2016）年11月28日に公布され，平成29年11月1日に施行された「外国人の技能実習の適正な実施及び技能実習生の保護に関する法律（平成28年法律第89号）」に基づいて，新しい技能実習制度が実施されています。

⑷　外国人技能実習制度の在留資格

外国人技能実習制度の在留資格として「技能実習1号」「技能実習2号」「技能実習3号」の3つがあります。

技能実習1号	在留期間1年以内（実習1年目），対象職種に制限はありません。
技能実習2号	2年以内（実習2～3年目），対象職種のみ可能です。
技能実習3号	2年以内（実習4～5年目），対象職種のみ可能です。

⑸　特定技能との相違

特定技能は，平成31（2019）年4月に改正入管法により創設された日本で働く外国人のための在留資格の一種です。外国人技能実習制度は日本において「人づくり」を主眼としていますが，特定技能に該当する者は，熟練技能を有する者として受入業種全14種（1号），2号は2業種が限定されています。

Ⅱ　外国人技能実習・外国人労働者の課税

34 外国人技能実習制度の動向

⑴　結　論

　日本の労働力不足という背景と技能実習生の育成という両面をどのように調和させていくかという課題がある中で，一部に問題点が浮き彫りになりました。今後は，制度の見直しが必要と思われます。

⑵　在留状況と受入人数の多い国

　技能実習制度は平成5（1993）年にスタートしましたが，法務省の資料では，この制度の最近の在留人数は，以下のとおりです。

平成28（2016）年	228,588人
平成29（2017）年	274,235人
平成30（2018）年	328,360人
令和元（2019）年	410,972人
令和2（2020）年	378,200人
令和3（2021）年	276,123人
令和4（2022）年	324,940人

　日本で，コロナ禍となった時期に人数は減少していますが，また，最近は増加傾向にあります。国別は以下のとおりです。カッコ内は構成比率です（令和4（2022）年末）。

ベトナム	176,346人（54.3%）
インドネシア	45,919人（14.1%）
フィリピン	29,140人　（9.0%）
中　国	28,802人　（8.9%）
その他	44,733人（13.8%）

80

⑶　国別失踪者

　令和5（2023）年10月，失踪技能実習生が過去1年間でおよそ9,000人に上り，人材派遣会社が技能実習生の転職等に関与することで報酬を得ていることが報道されました。技能実習制度において自己都合で実習先を変えることは原則，認められていません。低賃金，職場におけるハラスメント等の理由があっても転職すると在留資格を失い，不法滞在の失踪者となります。

　令和4（2022）年上半期の失踪者の国別上位5位までのランキングは1位ベトナム（2,786人），2位中国（361人），3位カンボジア（367人），4位ミャンマー（146人），5位インドネシア（56人）です。

⑷　韓国の状況

　前述した国別の受入人数でベトナムとインドネシア及びフィリピンとの差が大きくなっています。韓国も，日本と同様の制度で技能実習生を受け入れています。日本ではなく，韓国等に多くの東南アジアの国からの実習生が行くようになっているのではという推測もあります。

　韓国の場合は，送り出す国と韓国の間で契約を結んでいるため，渡航費用等の負担が軽くなっています。

　日本の場合は，受入企業と送り出す国の間に民間の仲介業者や監理団体が入るため，多額の中間斡旋料が生じ，借金を抱えて来日する実習生が多くいます。この借金の返済が実習生の負担になっているといわれています。

　また，韓国では，外国人労働者が受入企業から転職する場合，政府機関が援助する等，日本よりも，環境的には恵まれています。

Ⅱ　外国人技能実習・外国人労働者の課税

35 外国人労働者の課税

(1)　結　論

　国内労働者である外国人について，所得税法上に特別な規定はありません。注意すべきは，母国にいる家族への仕送り等と扶養親族控除の関係です。これについては，税務上細かな規定があります。

(2)　外国人労働者の範囲

　来日して日本で働く外国人の職業は多岐にわたります。ここでは，内国法人等に勤務する外国人社員，弁護士・会計士・医師等の自由職業者，芸能人等，外国公務員，教員，外交官，米軍関係者等を除き，研修生，留学生，ワーキングホリデーの対象者，技能実習生，高度外国人材，その他日本国内でアルバイト等により報酬を得た個人等を対象に説明します。

(3)　国内法（所得税法・相続税法の適用関係）

　所得税法では，年齢，国籍等にかかわらず，居住者と非居住者に区分され，それぞれの課税所得の範囲が決められています。

居住者	国内に住所を有し，又は現在まで引き続いて1年以上居所を有する個人のことで，全世界所得が課税所得です。
非永住者	居住者のうち，日本の国籍を有しておらず，かつ，過去10年以内において国内に住所又は居所を有していた期間が5年以下である個人のことで，国外源泉所得以外の所得及び国外源泉所得で国内において支払われ又は国外から送金されたものが課税所得の範囲です。
非居住者	居住者以外の個人のことで，所定の国内源泉所得が課税対象になります。

| 高度外国人材 | 相続税上の特別措置が規定されていますので，**32**を参照してください。 |

　来日した外国人の場合，最初に，居住者あるいは非居住者等の判定（居住形態の決定）をします。例えば，ワーキングホリデーの対象者の場合，租税条約上の研修生，学生に該当しませんので，日本における報酬については，非居住者として20.42％の源泉徴収により課税が行われます。

(4)　租税条約の適用関係（学生等のアルバイト収入）

　租税条約では，個人の状況により課税の減免が規定されています。問題はこれに該当するのかです。例えば，一般的には，日本に勤務する外国人社員が新人であることを理由に，租税条約上の研修生として課税の適用関係を申し立てる事例がありますが，この申立ては，税務当局に認められません。

　学生等の課税の基本ルールは，条約相手国の居住者又は日本への滞在直前に条約相手国の居住者であった学生又は事業修習者で，もっぱら教育又は訓練のために日本に滞在する場合，日本以外の国からの受ける生計，教育又は訓練のための給付については日本で免税となります。条約例としては，金額基準のないもの，滞在地国における一定金額以下の報酬の免税となる条約例，中国からの留学生の場合のような免税規定等があります。

(5)　租税条約の適用関係（研修生の場合）

　中国からの研修生は，日中租税条約21条の規定により，日本において生計，教育及び訓練のための必要な金額は課税対象になりません。

Ⅲ　日本に勤務する外国人社員に生じる税

36 外国法人の日本支店に３年の予定で出向中の外国人社員が国外出張する場合の税務

【事例】

　Ｐ国法人の日本支店に３年間の予定で出向している外国人社員Ａは，これが初来日ですが，出向中に外国（Ｐ国を含みます）に出張する場合，Ａの給与に対する日本の課税はどうなりますか。

---

(1)　結　論

　非永住者に対する課税所得の範囲は，非永住者以外の居住者より狭く，また，送金課税という特殊な課税ルールがあります。

(2)　居住形態の判定

　Ａは，継続して１年以上，日本に居住することを必要とする職業を有するので，国内に住所を有すると推定され，居住者となります（所令14）。そして，Ａは，日本国籍を有せず，かつ，過去10年以内に国内に住所を有した期間の合計が５年以下なので，非永住者です（所２①四）。

(3)　課税される所得の範囲

課税ルール	非永住者は，国外源泉以外の所得，及び，国外源泉所得のうち国内で支払われたものと本人が国外から送金したものについて，日本で課税されます（所７①二）。外国法人の本店がＡの国内預金口座に給与振込した場合は，国内払いとなります。
国内勤務期間	日本国内の勤務に基因する給与は，国内源泉所得に該当します（所161①十二イ）。国内源泉所得は全て「国外源泉所得以外の所得」に含まれるので，国外払いを含めて，日本の課税を受けます。

第2章　インバウンドの人的交流

国外出張期間	国外に出張する期間に対応する部分の給与は，国外勤務に基因する給与に該当するので，国外源泉所得となります（所95④十イ）。

(4)　国内源泉所得となる給与収入金額の計算（所基通161-41）

　仮に，給与年額1,460万円のうち，P国払い460万円，国内払い1,000万円，国内勤務300日，国外勤務65日とします。

　国内源泉所得＝1,460万円×300日/365日＝1,200万円

　上記中，国内払い＝1,200万円×1,000万円/1,460万円＝822万円

　国外源泉所得＝1,460万円－1,200万円＝260万円

　上記中，国内払い＝260万円×1,000万円/1,460万円＝178万円

(5)　事例への当てはめ

・　**課税年度中に，Aが国外からの送金を行わなかった場合**

　まず国内源泉所得となる給与収入1,200万円は課税です。Aは非永住者なので，国外源泉所得のうち，国内払いとみなされる178万円を加えた1,378万円が日本の課税対象となる給与収入となります。

・　**課税年度中に，Aが国外から400万円送金した場合**

　Aが国外から400万円送金した場合は，まず国内源泉所得1,200万円のうち，国内払い822万円を除いた国外払い378万円が送金されたとみなします。次に，課税年度の国外源泉所得の国外払い82万円の中から，22万円を送金したとみなします。そうすると，国内源泉所得1,200万円＋国外源泉所得の国内払い178万円＋国外源泉所得の送金額22万円＝1,400万円が課税対象となります。

（注）　国外出張期間の給与について外国所得税が課される場合は，日本で外国税額控除を適用できる場合があります。

Ⅲ　日本に勤務する外国人社員に生じる税

37 合計183日を超えて日本に出張した外国人社員の税務

【事例】

海外支店に勤務する外国人社員（カンボジア支店のＣ，中国支店のＮ，シンガポール支店のＳ）が，８月１日から５か月の予定で日本本社に出張します。出張中の給与は，海外支店が支給しますが，その他に，日本本社が勤務手当を支払います。出張日数が予定より延びて183日を超えた場合，日本の課税はどうなりますか。

---

(1)　結　論

日本勤務に基因して支給される給与は，日本の国内源泉所得となるので，非居住者も課税されます。ただし，居住地国と出張先の日本が租税条約を結んでいて，かつ，短期滞在者免税の規定を置いている場合は，短期滞在する非居住者に対して，日本の課税を免除することがあります。

(2)　国内法による居住形態と所得源泉地の判定

国内に居住することとなった時に，国内在留期間が１年未満の予定なので，非居住者です（所基通３-３）。日本に出張中の給与手当は，日本勤務基因の給与ですから，日本の国内源泉所得です（所161①十二）。国内源泉所得なので，非居住者も課税されます。

(3)　租税条約による短期滞在者免税

短期滞在する非居住者に対して，その滞在先の国が課税を免除することがあります。それは，居住地国と短期滞在先の国が租税条約を結んで

86

いて，その条約が短期滞在者免税の規定を置いている場合です。

　短期滞在者免税の要件は，条約によって異なりますが，基本的な内容はほぼ同じで，次の３つ全てを満たす必要があります。

ⅰ）滞在期間が，課税年度を通じて計183日以下，又は，継続する12か月を通じて計183日以下であること（ここでは，初日も算入します）

ⅱ）報酬を支払う雇用者は，勤務が行われた国の居住者でないこと

ⅲ）給与等の報酬が，役務提供地にある恒久的施設により負担されないこと（負担されないというのは，損金に算入しないことです）

---

(4)　事例への当てはめ

カンボジア支店の社員C	中国支店の社員N	シンガポール支店の社員S
カンボジアとは租税条約を締結していない（2024年３月末現在）ので，国内法どおりの課税となり，海外支店の支給額のうち日本滞在日数（初日不算入）に係る金額と日本出張に係る日本支給額の合計額について，20.42％の源泉分離課税となります。	183日を超える場合でも，１年目，２年目ともにそれぞれ183日を超えないので，日中租税条約15条２項（課税年度を通じて183日以下）により，中国支店の支給額は免税となりますが，日本支給額は20.42％の源泉分離課税となります。	183日を超える場合，継続する12か月を通じて183日を超えるので，日星租税条約15条２項（継続する12か月を通じて183日以下）により，短期滞在者免税の適用はできません。よって，国内法どおりの課税となり，海外支店の支給額のうち日本滞在日数（初日不算入）に係る金額と日本支給額の合計額について，20.42％の源泉分離課税となります。

（注） 非居住者の給与を国外で支払う者が，日本に本支店等を有するときは，国内払いとみなして，源泉徴収義務が課されます（所212②）。

Ⅲ　日本に勤務する外国人社員に生じる税

38 外国人社員の国外居住親族に係る扶養控除等

(1)　結　論

　非居住者である親族（以下「国外居住親族」といいます）について配偶者控除，配偶者特別控除，扶養控除又は障害者控除（以下，「扶養控除等」といいます）の適用を受けるためには，「親族関係書類」，及び「送金関係書類」の提出又は提示が義務付けられています。これらの書類の提出又は提示がない場合，その国外居住親族に関しては，扶養控除等を適用することはできません。30歳以上70歳未満の国外居住親族は，原則として適用除外です。

(2)　非居住者である親族に係る扶養控除等の概要

　国外居住親族について「親族関係書類」及び「送金関係書類」の提出又は提示がない場合，その国外居住親族に関しては，扶養控除等を適用することはできません。

　扶養控除等を適用する際の国外居住親族に係る所得要件の判定は，国内源泉所得のみで行われるため，国外で一定以上の所得を稼得している親族も控除対象とされます。しかし，30歳から69歳までの非居住者は働き盛りで所得の稼得能力があると考えられるので，2023年分以後の所得税について，原則として扶養控除の対象から除外されました。

　配偶者控除は１人しか控除対象とならず控除額が多額となるおそれがないことから，年齢制限は付されていません。

　なお，下記のいずれかに該当する者については，30歳以上70歳未満でも扶養控除の適用対象者となります。

●留学により非居住者となった者

第2章　インバウンドの人的交流

● 障害者
● 居住者からその年における生活費又は教育費に充てるための支払を38万円以上受けている者

(3)　親族関係書類等

　「親族関係書類」とは，次の①又は②のいずれかの書類で，国外居住親族が居住者の親族であることを証するものをいいます。
① 戸籍の附票の写しなど日本国又は地方公共団体が発行した書類，及び，国外居住親族のパスポートの写し
② 外国政府又は外国の地方公共団体が発行した書類（国外居住親族の氏名，生年月日及び住所又は居所の記載があるものに限ります）
　留学生は，「留学ビザ等書類」の提出又は提示が必要です。

(4)　送金関係書類等

　「送金関係書類」とは，金融機関の外国送金依頼書の控えやクレジットカードの利用明細書等で，居住者がその年において国外居住親族の生活費又は教育費に充てるための支払を必要の都度行ったことを明らかにするものをいいます。

　30歳以上70歳未満の国外居住親族については，「38万円送金書類」の提出又は提示を要します。なお，送金関係書類等は，該当する年分ごと，かつ，国外居住親族の各人ごとに必要です。配偶者と子の生活費を配偶者名義の口座にまとめて送金した場合，認められるのは配偶者の控除のみとなります。複数の国外居住親族を扶養控除対象とするためには，各人に個別に送金しなければなりません。

　国外の銀行や資金移動業者を利用した場合，その銀行や資金移動業者が日本で登録されていなければ，扶養控除が認められない可能性があります。現金で交付した場合は，扶養控除は認められません。

89

Ⅲ　日本に勤務する外国人社員に生じる税

39 来日した外国人社員に対する経済的利益（家賃・教育費等）

(1)　結　論

　従業員に対し，金銭以外で支給される経済的利益は，一般に現物給与と呼ばれていますが，原則として給与の収入金額に含めて課税されます。ただし，一定の要件を満たせば，非課税とされるケースがあります。

(2)　経済的利益に対する課税

　以下に，日本に赴任して国内で勤務する外国人に関わる現物給与のうち，主なものについて，課税上の取扱いを簡単に紹介します。

①　住宅手当

　雇用主が従業員に対して提供する社宅について，従業員から「通常の賃貸料の額」の50％以上を徴収している場合は，従業員が受ける経済的利益はないものとされます（所基通36-47）。この「通常の賃貸料の額（月額）」の計算は，固定資産税の課税標準額等を基に算出します（所基通36-41，36-45）が，月額家賃の10％程度であるケースが多いようです。

　役員の場合は，「通常の賃貸料の額」以上を徴収する必要があります。なお，役員に借上げ社宅を貸与する場合，床面積99㎡以下の小規模住宅（木造は132㎡以下）に該当するときは従業員と同じ要件となりますが，小規模住宅に該当しないときは，雇用主が支払う賃貸料の50％以上の徴収が必要です。

　従業員が貸主と賃貸契約を締結し家賃を直接支払うと，雇用主が負担する賃料の全額が経済的利益として課税されるので，ご留意ください。

②　ホームリーブ

　外国から日本に派遣され国内において長期間引き続き勤務する外国人

第2章　インバウンドの人的交流

に対して，就業規則等の定めにより年に1回休暇のための帰国を認めて雇用主が支給する旅費は，課税しなくて差し支えないという取扱いが通達（ホームリーブ通達と呼ばれています）により定められています。目的地は本人又は配偶者の国籍のある国とされ，日本人及び国内採用の外国人は対象外です。本制度を利用しなかった者に金銭等の代替支給をすると，給与課税されますので，ご留意ください。

③　子供の学費

　外国人社員の子女が通う学校の費用を雇用主が負担する場合は，インターナショナルスクールの寄附金募集に基づいて雇用主がインターナショナルスクールに寄附することにより学費が免除される場合も，社員が受ける経済的利益は，原則として給与課税です。

　ただし，一定のインターナショナルスクールが実施する寄附金募集については，強いて課税しないこととされているようです。対象となるインターナショナルスクール名は現在は公表されていないので，実際に寄附をする場合の課税上の扱いについては，事前にインターナショナルスクールに問い合わせる必要があります。

④　税金手当

　従業員の所得税・住民税等，個人に対する税金を雇用主が負担する場合は，負担額につき給与課税されます。実質的には，税引後の給与を従業員に支給して，従業員が納税することになるので，この税引後支給額を税込額に逆算した給与収入金額により所得税額を計算する必要があります。この計算をグロスアップ計算といいます。

⑤　株式報酬

　ストックオプションやリストリクテッド・ストック等の株式報酬は，給与所得の収入金額に含めて課税されます。直接の雇用関係のない外国親会社の株式を付与された場合でも，その権利行使等によって株式を取得したことによる経済的利益は，給与所得となります。

91

Ⅲ　日本に勤務する外国人社員に生じる税

40 国籍が納税義務者の要件にならない理由

(1)　結　論

　租税条約における適用対象者の判定要件の多くは，国籍ではなく，居住者が使用されています。課税上，国籍を課税要件としている国は，米国，フィリピン等の少数であり，多くの国では，居住者の概念を使用しています。

(2)　税法の適用対象者の判定基準

　我が国では，個人の税務に関連する税法である所得税法及び相続税法において，その適用対象者の判定をする場合，所得税法では納税義務者を居住者と非居住者，相続税法では納税義務者を無制限納税義務者と制限納税義務者に区分をします。原則として，個人の国籍によりその課税上の地位を判定することはありません。

　このように，居住者と非居住者の区分を基準として税法に規定する国は日本以外にも多くありますが，この居住者という概念を使用する背景には，国境を越えた人的移動の増加等により，国籍という政治的な帰属ではなく，その地で所得を得て生活をしているという経済的な帰属に対して課税をするように変わったのが主な原因です。

(3)　国籍が規定されている税法規定

　個人の区分をする場合，居住者又は非居住者という区分だけでは租税回避等に対処できないなどの問題がある場合，その解決策として副次的に国籍という基準が用いられる傾向があります。我が国で国籍が法令に規定されているもので，国際税務に関連するものには次のような規定が

92

あります。

- 非永住者の定義において，「居住者のうち日本国籍を有しておらず」と規定されています。
- 日本国内に住所を有すると推定する場合，「その者が日本国籍を有し」という規定があります。
- 租税条約の双方居住者の振り分け規定において，国籍により判定する基準が定められているものがあります。
- 相続税法の納税義務者の規定（相1の3）において，相続人又は受贈者である日本国籍を有する個人という条文があります。

⑷　国籍による基準を採用している国

　少数派として，国籍による基準を採用している国に，米国等があります。米国は，日本等と異なり，国籍（市民権）を区分の基準としていることから，米国市民権を有する者は，世界のどこに住んでいても米国において全世界所得を申告して納税する義務を負っています。

⑸　国籍基準の弱点

　国籍基準の弱点は，その個人が国籍を離脱して外国籍になった場合に自国法令の規定が適用できないという点にあります。税法において国籍基準を偏重すると，国籍離脱という租税回避の手段が盛んになるという結果になりかねないのです。

　国籍基準を採用している米国は，国籍離脱に重い税を課す手当てを行っています（内国歳入法典877）。国籍離脱への対処法とセットにしないと，国籍離脱による租税回避を封じることはできないのです。

93

Ⅲ　日本に勤務する外国人社員に生じる税

41 日本に３年の予定で出向した社員が健康上の理由により６か月で帰国した場合の税務

(1)　結　論

　出国するまでは居住者のままです。そして出国した後に非居住者に変わります。

(2)　外国従業員の居住形態の判定ルール

　個人が日本国内において継続して１年以上居住することを通常必要とする職業を有する場合は，日本国内に住所を有する者と推定されます（所令14①一）。

　また，事業者・勤務者が日本国内に居住することとなった時に日本国内に住所を有するか否か明らかでない場合については，日本国内における在留期間が契約等によりあらかじめ１年未満であることが明らかである場合を除き，日本国内に住所を有する者と推定する取扱いが行われています（所基通3-3）。

　以上により日本国内に住所を有すると推定される場合は，入国当初より日本国内に住所を有しているとして，居住者として扱われます。

　外国従業員の居住形態の判定をする際は，日本への赴任期間が１年以上であるか否かがポイントになります。日本への赴任期間が契約によって１年以上と定められていれば，１年以上居住することを必要とする職業を有していることとなるからです。

(3)　赴任期間の変更がある場合

　１年以上の赴任予定で日本に赴任した後，病気その他の事情により中途で離日する場合，出国するまでは居住者のままです。そして出国した

94

後に非居住者に変わります。居住判定は遡及訂正しないというルールになっており，居住形態が変わる場合，過去に遡って訂正することはありません。

　この事例とは逆に，1年未満の予定で日本に赴任したが，1年以上に延長されたという場合は，日本赴任が1年以上になると決まった日から居住者になります。それまでは非居住者のままです。

(4)　住民税

　住民税は，1月1日に日本に居住していると，前年1年間の所得に課税されます。出国して翌年の1月1日に日本に居住していない場合は，住民税は前年の所得には課税されません。これは，1月1日が住民税を課税する基準日になっているので，その日に日本に住所も居所もなければ，課税できる地方公共団体がないためです。

Ⅲ　日本に勤務する外国人社員に生じる税

42 外国法人の役員が日本勤務する場合の外国税額控除の適用関係

【事例】

　英国法人であるＱ社の役員Ｒは，２年間の予定でＱ社の日本子会社に赴任しました。Ｒは，Ｑ社から役員報酬を支給されており，英国で所得税を課されています。Ｑ社の役員報酬には，日本の所得税も課され，日英両国により二重に課税されています。この場合の救済方法があれば，教えてください。

(1)　結　論

　外国人が日本勤務に基因して支払いを受ける給与は日本源泉所得となるので，日本の課税を受けます。外国法人の役員報酬として外国も課税する場合は，二重課税となります。しかし，外国法人の役員報酬について，租税条約により条約相手国に課税を認める場合は，外国法人の役員が日本の居住者に該当するときに限り，日本の外国税額控除の控除限度額の計算上，国外源泉所得として，外国税額控除を適用することができます。

(2)　外国法人の役員が日本居住者として日本勤務する場合の課税

　役員報酬も給与に含まれますが，日本の所得税法161条１項12号イは，日本勤務に基因する給与は，勤務地の日本の国内源泉所得になると規定しています。日本が締結している租税条約も，日本勤務基因の給与は，勤務地国（この場合，日本）が課税できると規定しています。

　ところが，役員報酬は，法人所在地国（この場合，英国）も課税します。つまり，英国法人の役員が日本で勤務する場合，役員報酬は勤務地

第2章　インバウンドの人的交流

国の日本及び法人所在地国の英国により二重に課税されてしまうのです。

(3)　二重課税の救済方法

　国内法で国内源泉所得とされる日本勤務基因報酬を，国外源泉所得とみなすことができれば，控除限度額を設けることができるので，外国税額控除の適用が可能となります。

　我が国において，国内法で国内源泉所得とされる所得を国外源泉所得とみなすことができるのは，租税条約によって相手国が課税する場合となります。事例に当てはめると，以下のようになります。

● 日英租税条約15条において，英国法人の役員報酬は，法人所在地国である英国が課税できると規定されている。

● 租税条約により相手国が課税する所得は，国外源泉所得となる（所95④十六，所令225の13）。つまり，日英租税条約により英国が課税できるので，英国源泉所得になる。

● 国内法で日本源泉所得に該当する英国法人の役員報酬が，英国源泉所得とされ，国外源泉所得が生じた場合，外国税額控除限度額の計算式の分子に入るので，控除限度額が発生する。

● 英国所得税の納付額と控除限度額のうち，少ない金額について，日本の外国税額控除を適用できるので，二重課税の排除が可能となる。

(4)　二重課税が救済されない場合

　以下に該当する場合は，役員報酬が法人所在地国と勤務地国で二重に課税されても，外国税額控除限度額の計算に必要な国外所得金額が生じないため，外国税額控除の適用ができず，救済されないこととなります。

● 租税条約が締結されていないとき

● 租税条約が締結されていても，その条約に条約相手国に課税を認める規定がないとき

Ⅲ　日本に勤務する外国人社員に生じる税

43 納税管理人を定めた場合と定めない場合の課税関係

(1)　結　論

　海外赴任等で出国する場合は，出国前に納税管理人の届出を検討する必要があります。

(2)　出国の意義 （所2①四十二）

　所得税法における「出国」は単に国を出るということではありません。出国とは，居住者は，納税管理人の届出をしないで，国内に住所及び居所を有しなくなること，非居住者は，納税管理人の届出をしないで，国内に居所を有しなくなることをいいます。

(3)　納税管理人の届出が必要となるケース

　非居住者となった後に，不動産貸付け・譲渡等の国内源泉所得があるため確定申告しなければならないときは，納税管理人を定める必要があります。その納税管理人は，法人でも個人でも構いません。ただし，日本に住所又は居所を有する者でなければいけません。

　納税管理人の届出書や確定申告書の提出先は，非居住者の所轄税務署です。税務署は，納税管理人宛てに書類を送付します。住民税・固定資産税の申告納税が必要な時は，地方税の納税管理人の届出書を市区町村に提出します。

(4)　納税管理人の届出をしないで海外赴任等する場合 （所127, 130）

　納税管理人の届出をしないで海外赴任等する場合は，予定納税及び確

98

第2章　インバウンドの人的交流

定申告ともに，出国の時が申告の期限かつ納税の期限となります。そして，不動産所得等の国内源泉所得を有する場合は，さらに翌年3月にも確定申告しなければならないので，二度手間になります。

⑸　納税管理人の届出をして海外赴任等した場合

　納税管理人の届出をして海外赴任等した場合は，出国に当たりませんから，予定納税も確定申告も，期限は通常どおり翌年3月15日です。納税管理人を通じて申告・納税すれば，申告は一度で済みます。

⑹　国外転出時課税

　納税猶予の適用は，国外転出時までに納税管理人の届出書を提出した場合に限り認められます。

⑺　扶養親族の判定時期（所基通165-2）

　居住者期間を有する非居住者について扶養親族の判定をする時期は，納税管理人の届出をした場合はその年の12月31日現在，届出をしない場合は出国の時です。

⑻　納税管理人の届出の効果がないケース（所172①）

　非居住者の国内源泉所得となる給与が国外で支払われる場合の申告・納税は，納税管理人の届出をしていても，国内に居所を有しなくなる日までにしなければいけません。

⑼　納税管理人制度の拡充（通法117）

　納税管理人が選任されない場合，税務調査等に支障が生じることから，納税管理人を適切に選任させるための措置が講じられ，令和4年から適用されています。

99

Ⅳ　来日する運動家・芸能人に生じる税

44 外国から運動家を招聘した場合の課税関係

【事例】

　内国法人甲社は，日本で開催される競技会に，米国居住者Ａとイタリア居住者Ｂの運動家を招聘しました。報酬は，Ａは親族経営の米国法人に，Ｂは代理人のイタリア法人に対して支払われます。米国法人とイタリア法人は，日本にPE（恒久的施設）を有していません。

---

(1)　結　論

　芸能人又は運動家として個人的活動によって取得する所得に対しては，滞在期間の長短や活動状況に関係なく，役務提供地国においても課税されます。

(2)　芸能人に対する課税の特例

　芸能人又は運動家として個人的活動によって取得する所得に対しては，滞在期間の長短や活動状況に関係なく，役務提供地においても課税できるというルールが，租税条約において確立されています。芸能人及び運動家は，短期の滞在期間で高額な所得を得る傾向があるので，役務提供地における課税を広く認めているのです。

　事業所得に適用される恒久的施設がなければ課税しないという原則や，給与所得者に適用される短期滞在者免税の適用はありません。

　外国から招聘された芸能人又は運動家が，来日して国内で公演や試合を行う場合，滞在期間は1年未満となるので，非居住者に該当します。非居住者が国内で公演や試合を行い稼得する報酬は，国内における人的

100

役務の提供の対価として国内源泉所得となります（所161①十二イ）。

　その報酬が国内で支払われるときは，その支払額に対し20.42％の税率で源泉徴収され，支払いを受ける非居住者の恒久的施設が国内になければ，この源泉徴収によって課税が完結します（所164②二，169，212①，213①）。

(3)　芸能人の活動に関する所得が第三者に帰属する場合

　芸能人や運動家の個人的活動による所得が，エージェントやプロモーター等の第三者に帰属するときも，その個人的活動が行われる国において課税されます。

(4)　日米租税条約の適用

　芸能人等の個人的活動に基因する所得が源泉地国以外の居住者である第三者（本例では米国法人）に帰属する場合，芸能人等の役務提供を行った源泉地国（本例では日本）において課税することができます（日米租税条約16②）。したがって，Aに対する報酬は，米国法人に支払われても日本で課税されます。

(5)　日伊租税条約の適用等

　芸能人等の役務が源泉地国（本例では日本）において居住地国の企業により提供される場合，Bが直接・間接に当該企業を支配しているときは当該企業の取得する利得について，源泉地国で課税できるという，いわゆるワンマンカンパニーの規定があります（日伊租税条約17②）。

　Bとイタリア法人に資本関係がない場合は，上記の規定の適用はありません。そうすると，日本では，Bが取得する報酬に対する課税ができなくなることから，免税芸能法人に対する源泉徴収の特例が設けられています（**45**参照）。

101

Ⅳ　来日する運動家・芸能人に生じる税

45 外国の免税芸能法人等に対する課税

(1) **結　論**

　芸能人等に対する課税漏れを防止するために，免税芸能法人等に芸能人等の役務提供事業の対価を国内において支払う者に対して，いったん所得税の源泉徴収義務を課し，芸能人が受け取る報酬に係る個人所得税が納付された後に，免税芸能法人等への支払額から控除された源泉所得税を還付することとしています。

(2) **芸能人に対する課税の特例**

　短期間の滞在で高額の所得を取得する芸能人・運動家等に対しては，滞在期間の長短や活動状況に関係なく，役務提供地において課税できることが，租税条約において確立された慣行となっています。したがって，芸能人等の所得が事業所得の性格を有していても7条（事業所得）による「PEなければ課税なし」の適用はなく，また，14条（給与所得）における短期滞在者免税の適用もありません。

　しかし，来日芸能人について，その親族が経営する外国の芸能法人から給与を受け取る社員として，租税条約に基づく短期滞在者免税を適用し，また，芸能人を派遣した法人は日本に支店等の恒久的施設（PE）がないことから，いずれも課税関係が生じないという租税回避が多く行われました。

(3) **外国の免税芸能法人等に対する我が国の課税方式**

　日本と租税条約を締結している相手国のプロモーターが日本の興行主

と契約して，芸能人や運動家を日本に派遣した場合は，そのプロモーターは，日本国内に恒久的施設を有しない限り，租税条約の規定によって免税されます（免税芸能法人等といいます）。

　もっとも，芸能人や運動家の個人的活動による所得は免税されませんから，芸能人等に対する課税漏れを防止して税収を確保するため，国内において免税芸能法人等に芸能人等の役務提供事業の対価を支払う者に，その対価について，いったん所得税を源泉徴収する義務を課しています（租税条約等実施特例法3①）。

　この免税芸能法人等が受け取る対価について源泉徴収された所得税については，免税芸能法人が芸能人等個人に支払う役務提供報酬から源泉徴収をして（所212①，措法41の22①），その個人所得税を納付した後に，「租税条約に関する芸能人等の役務提供事業の対価に係る源泉徴収税額の還付請求書（様式12）」を提出することにより全額還付されます（租税条約等実施特例法3②③，同法令2）。

　例えば，日本の興行主をX社，免税芸能法人をY社，芸能人をZとした場合，

① 　X社は，Y社への支払いの際に源泉徴収（A）します。

② 　Y社は，自社の手数料分を差し引いた金額をZに支払う際に源泉徴収（B）します。

③ 　Y社は，X社の所轄税務署に対してBを納付し，Aの還付を受けます。この場合，この還付金の一部をその納付すべき個人所得税に充当することもできます（同法省令1の2③）。つまり，Aの金額をBに充当してその差額の還付を受けるのです。

　要するに，日本側としては，源泉徴収したAを担保として，Y社にZの報酬に係る源泉徴収を間接的に強制することで，Zに対する課税を完了することになっています。

103

Ⅴ　来日する学生等に生じる税

46 海外からの研修生の課税関係

【事例】

内国法人甲社は，中国とベトナムからの研修生を受け入れて，日当程度を支給しています。課税関係はどのようになりますか。

(1) 結　論

海外からの研修生は，一部の例外を除き，日本以外の国から受ける生計，教育又は訓練のための給付のみが日本で免税となります。例外的なケースとして，例えば，中国からの研修生は，日中租税条約21条の規定により，日本国内で受ける給付や所得であっても，日本において生計，教育及び訓練のための必要な金額は課税対象になりません。

(2) 租税条約の適用関係

・　**租税条約における事業修習生等の定義等**

租税条約によりその規定が条約ごとに異なるのが事業修習生に係る規定です。基本ルールは，条約相手国の居住者又は日本への滞在直前に条約相手国の居住者であった事業修習者で，もっぱら教育又は訓練のために日本に滞在する場合，日本以外の国から受ける生計，教育又は訓練のための給付については日本で免税となります。

・　**中国とベトナムからの研修生**

ベトナムからの研修生は，日越租税条約20条の規定により，生計，教育又は訓練のために受け取る給付については，日本以外の国から支払われるものに限り日本で免税となります。

第2章　インバウンドの人的交流

　一方，中国からの研修生は，免税対象を国外給付に限定しない日中租
税条約21条（下記）により，日本において生計，教育又は訓練のために
受け取る給付及び所得も課税になりません。

日中租税条約21条
専ら訓練を受けるため又は特別の技術を習得するため日本国内に滞在す
る事業修習者又は研修員であって，現に中国の居住者であるもの又はそ
の滞在の直前に中国の居住者であったものがその生計又は訓練のために
受け取る給付又は所得については，日本の租税を免除する。

- **事業習得者**

　ある程度の技能を有する者で，技術上の経験を習得する者である事業
習得者について，技術，経験のない見習の事業修習生とは異なる規定を
置いている租税条約があります。日本との租税条約のうち，事業習得者
の規定のある条約は，対インドネシア，スリランカ，フィジー，フィリ
ピン及びフランスです。

- **滞在地国における一定金額以下の報酬が免税となる条約例**

　この免税規定は，収入から控除する金額という意味ではなく，免税点
を超えると全額課税されます。対アイルランド租税条約，対インドネシ
ア租税条約，日韓租税条約，日比租税条約，対ハンガリー租税条約，対
ルーマニア租税条約などがあります。

- **政府，教育団体等からの交付金，手当又は奨励金が免税となる条約
  例**

　対インドネシア租税条約，日韓租税条約，日タイ租税条約及び対ハン
ガリー租税条約は，これらの交付金等を免税としています。

Ⅴ　来日する学生等に生じる税

47 海外からの学生の課税関係

(1)　結　論

　基本ルールとして，条約相手国の居住者又は日本への滞在直前に条約相手国の居住者であった学生で，もっぱら教育のために日本に滞在する場合，日本以外の国から受ける生計，教育のための給付については，日本で免税となります。

(2)　学生とは

　日本においては，租税条約によって免税の対象となる学生は，学校教育法1条に規定する学校の学生，生徒又は児童に限られます（租税条約等実施特例法省令9①）。

(3)　租税条約の適用関係

　学生に係る規定は，条約により異なります。ここでは，インド，中国，ブラジルと日本が締結した租税条約について説明します。

・　**インドからの留学生の場合（基本ルールを定めた条約例）**

　専ら教育を受けるために日本に滞在する学生で，現にインドの居住者である者又はその滞在の直前にインドの居住者であった者が，その生計，教育のために受け取る給付は，日本の国外から支払われるものに限り，免税とされます（日印租税条約20）。

・　**中国からの留学生の場合（国外支払に限定されない例外）**

　中国から来た留学生は，専ら教育を受けるため日本に滞在する学生であって，日本での生活費や学費に充てる程度のアルバイト代であれば，日中租税条約21条により免税とされます。

106

第2章　インバウンドの人的交流

　なお，日中租税条約21条の適用を受けるためには，「租税条約に関する届出書（様式8）」の提出が必要です。

　アルバイト代等の支払額についてすでに源泉徴収してしまっている場合は，「租税条約に関する源泉徴収税額の還付請求書（様式11）」を「租税条約に関する届出書（様式8）」とともに提出することにより，還付を受けることができます。

- **ブラジルからの留学生の場合（金額制限を付した条約例）**

　専ら教育を受けるために日本に滞在する学生で，現にブラジルの居住者である者又はその滞在の直前にブラジルの居住者であった者が，その生計，教育のために受け取る給付又は所得について，日本の国外から支払われるものが免税となる点は，基本ルールどおりです（日本ブラジル租税条約17条の第2文の但書まで）。

　しかし，同条約17条の第2文の後半において，滞在地国（ここでは日本）の租税が免除される別の要件として，滞在地国で行う人的役務に関して取得するものであって，継続して3課税年度を超えない期間，いずれの課税年度についても1,000米ドル相当額以下の場合は，免税となります。

Ⅵ 日本に資産等を有する外国居住者に生じる税

48 本国と日本の双方に住居を有して双方に所得のある場合の課税関係

(1) 結 論

　双方居住者となる場合，ほとんどの租税条約が居住地振分けルールを規定しています。国内法で居住者となる者が，租税条約の規定によって非居住者とされる場合は，非居住者として国内法を適用することになります。

(2) 双方居住者とは

　国によって居住者要件が異なることから，複数の国で居住者になることがあります。これを双方居住者といいます。

(3) 双方居住者の振分けルール（OECDモデル租税条約4②）

　双方居住者となった場合の振分けルールが，ほとんどの租税条約に規定されています。振分けルールの内容は個々の租税条約により異なりますが，多くの条約がOECDモデル租税条約4条2項と同じ規定，あるいは同様の規定を置いています。以下に同条約4条2項の概要を記します。

　双方の締約国の居住者に該当する場合は，以下の順番で判定して，どちらかの国の居住者とします。①から④について順に検討した結果，いずれの国にもないか双方の国にあって決められないときは，⑤の合意で決めます。ただし，合意に至るとは限りません。

① 恒久的住所（制限なく継続して住める場所）

② 重要な利害関係の中心（人的・経済的関係がより密接な締約国）

③ 常用の住居

④ 国 籍

108

⑤　両国の権限ある当局の合意

　なお，双方居住者につき，両国の権限のある当局の合意のみにより決定するタイプの租税条約もあります。日本が締結した条約では，インド，インドネシア，中国，タイ，フィリピン，イタリア，ベルギー，バングラデシュ，フィンランドなどが，合意のみで決めるタイプです。

⑷　日本法の解決

　双方居住者について，日本法では，どうやって解決するかというと，国内法で居住者となる者が，租税条約の居住地振り分け規定によって非居住者とされる場合は，下記のとおり非居住者として国内法を適用することになっています。

租税条約等実施特例法6条（双方居住者の取扱い）

　租税条約の居住地振り分け規定によって条約相手国の居住者とみなされた者は，所得税法及び地方税法の施行地に，住所及び居所を有しないものとみなす。

　つまり，租税条約によって相手国の居住者となったら，日本の非居住者としての課税を受けることになるのです。

⑸　日米租税条約の双方居住者（日米租税条約4②(a)）

　米国市民又はグリーンカードを有する外国人が日本の居住者に該当する場合には，米国の居住者とはされません。つまり，米国市民とグリーンカード保有者が，日本の税法によって日本居住者となるときは，条約適用上は，米国非居住者として扱うことになっています。

VI 日本に資産等を有する外国居住者に生じる税

49 海外赴任する会社員が1億円以上の有価証券を有する場合の課税関係

(1) 結　論

　1億円以上の有価証券等を有する一定の居住者が国外に住所を移す場合，国外転出時に有価証券等の譲渡があったものとみなして，その含み益に所得税が課されます（所60の2）。実現していない含み益に対するみなし課税なので，納税猶予の制度が設けられていますが，一定の手続を要します。海外赴任する会社員にも適用されるので，事前に，なすべきことや期限を押さえて，手遅れにならないようにしましょう。

(2) 国外転出時課税とは

　国外転出をする一定の居住者が，その国外転出時に1億円以上の有価証券等を有する場合は，その転出時の時価で有価証券等を譲渡したとみなして，含み益に所得税が課されます（所60の2①）。未決済信用取引等と未決済デリバティブ取引も，このみなし課税の対象資産です（所60の2②③）。「国外転出」とは，国内に住所及び居所を有しなくなることをいいます（所60の2①）。

(3) 国外転出時課税の対象者

　国外転出時課税の対象者は，国外転出の日前10年以内において，国内在住期間が5年を超える居住者です。ただし，出入国管理及び難民認定法別表第一の上欄の在留資格（外交，教授，芸術，経営・管理，法律・会計業務，医療，研究，教育，企業内転勤，短期滞在，留学等）で在留した期間は，国内在留期間に含まれません（所令170③一）。平成27（2015）年6月30日までに永住者，永住者の配偶者等，定住者等の資格で在留し

第2章　インバウンドの人的交流

ている期間も，国内在留期間に含めないこととされています。

(4)　転出する前の留意点

　納税管理人の届出をしないで国外転出する場合は，国外転出する時までに確定申告し，かつ，納税をしなければいけません。この場合，国外転出予定日から起算して3か月前の価額で対象資産の譲渡等があったものとみなして計算します。

　納税猶予の適用は，国外転出時までに納税管理人の届出書を提出した場合に限り認められます。

(5)　確定申告時の留意点 （納税猶予した場合）

　確定申告期限までに納税猶予分の所得税額及び利子税相当額の担保を提供する必要があります。提供できる担保には，土地，金銭などの他に有価証券も含まれますが，投資信託，外国株式，REIT指数など対象外とされるものがありますので，ご留意ください。

(6)　国外転出中の留意点

　納税猶予を適用した場合は，国外転出中，毎年3月15日までに，前年末に所有している適用対象資産を記載した「納税猶予の継続適用届出書」を所轄税務署へ提出しなければなりません。

(7)　帰国した時の留意点

　国外転出日から5年を経過する日までに帰国した場合，売却せずに引き続き所有している対象資産について，帰国日から4か月以内に課税取消しを求める更正の請求書を提出できます。納税猶予の期限は，国外転出日から5年を経過する日までですが，さらに5年延長して合計で10年にできます。

111

Ⅵ 日本に資産等を有する外国居住者に生じる税

50 不動産関連法人株式の譲渡

(1) 結 論

　不動産関連法人株式の譲渡は，「国内にある資産の譲渡により生ずる所得」に該当し，国内源泉所得となります。不動産関連法人株式は，国内土地が総資産の半分以上を占める法人の株式で，不動産化体株式といわれるとおり，不動産が株式に化けたものといえます。こういった株式を売ることと国内土地を売ることは実質的に同じなので，租税回避に利用されるのを防ぐために国内源泉所得とされているのです。

(2) 不動産化体株式の譲渡

　不動産化体株式の譲渡とは，不動産関連法人株式の譲渡による所得をいいます（所161①三，所令281①五）。

(3) 不動産関連法人

　不動産関連法人とは，その株式の譲渡の日から起算して365日前の日から当該譲渡の直前の時までの間のいずれかの時において，その有する資産の価額の総額のうちに次の①～④に掲げる資産の価額の合計額の占める割合が50％以上である法人です（所令281⑨）。

　平成30年分以前は，不動産関連法人に該当するかどうかの判定は，その株式の譲渡時点のみで行うこととされていましたが，BEPSプロジェクトの最終報告書（行動6「租税条約の濫用防止」）の勧告を受けて，非居住者の平成31年分以後の所得税については，「譲渡時点」ではなく，「譲渡に先立つ365日間のいずれかの時点」で行うように改正されました。

112

第2章　インバウンドの人的交流

---

① 　国内にある土地等（土地若しくは土地の上に存する権利又は建物及びその附属設備若しくは構築物をいう）

② 　その有する資産の価額の総額のうちに国内にある土地等の価額の合計額の占める割合が50％以上である法人の株式

③ 　②又は④に掲げる株式を有する法人（その有する資産の価額の総額のうちに国内にある土地等並びに②③及び④に掲げる株式の価額の合計額の占める割合が50％以上であるものに限る）の株式（②に掲げる株式に該当するものを除く）

④ 　③に掲げる株式を有する法人（その有する資産の価額の総額のうちに国内にある土地等並びに②③及び④に掲げる株式の価額の合計額の占める割合が50％以上であるものに限る）の株式（②③に掲げる株式に該当するものを除く）

---

(4)　非居住者が不動産関連法人株式を譲渡した場合の租税条約の適用関係

・　カンボジア居住者

　カンボジアとは租税条約の締結がないので国内法どおりの課税関係となります。

・　香港居住者

　香港との租税条約13条2において，不動産関連法人株式の譲渡は，不動産のある国において課税できると規定しています。ただし，その譲渡に係る株式と同種の株式が公認の有価証券市場において取引され，かつ，香港居住者及びその特殊関係者が所有する同種の株式等の数が同種の株式等の総数の5％以下であるときは課税されません。

・　シンガポール居住者

　シンガポールとの租税条約13条4の(a)は，不動産関連法人株式の譲渡は，源泉地国（不動産のある国）で課税すると規定しています。

Ⅵ　日本に資産等を有する外国居住者に生じる税

51 非居住者が有する国内不動産の低額譲渡

【事例】

　日本に居住していたＪは，仕事の関係でベルギーに移住することとなり，10年以上居住していた国内の自宅（時価２億5,000万円相当）を知人の日本居住者Ｋに時価の半分程度で譲渡することにしました。課税関係はどうなりますか。

---

(1)　結　論

　不動産の売却先が法人であり，かつ，時価の２分の１を下回る価額で譲渡した場合は，時価を収入金額として譲渡所得を計算しなければなりません（所59①，所令169）。しかし，売却先が個人の場合は，低額で譲渡しても売却価額により譲渡所得の計算をします。

　個人から著しく低い価額で財産を譲り受けた者は，時価と支払額との差額に贈与税が課されます（相７）。

(2)　Ｊの課税関係

　Ｊは，ベルギーに移住後は，日本非居住者になります。国内にある不動産の譲渡は国内源泉所得となる（所161①五，又は所161①三，所令281①一）ので，非居住者であっても申告分離課税の対象とされ，日本で確定申告を要します。この非居住者が行う不動産の譲渡所得の算出方法は，居住者と同じです。売却先が個人なので，低額で譲渡しても，実際の売却額を収入として譲渡所得を計算します。譲渡損失が生じたときは，その損失はなかったものとみなします（所59②）。

114

第2章　インバウンドの人的交流

　非居住者が，居住の用に供する国内にある家屋又はその敷地を譲渡した場合で，居住用財産の譲渡所得の特別控除（措法35）の要件を満たす場合は，当該控除を受けることができます。ただし，非居住者に適用される所得控除は，雑損控除，寄附金控除及び基礎控除に限定されています（所165）。譲渡の翌年1月1日に国内に住所を有しなくなるので，住民税の課税はありません。

(3)　Kの課税関係

　Kは，譲渡対価を支払う際に，譲渡価額の10.21％を源泉徴収する必要があります（所212①，213①二，161①五）。

　また，個人から著しく低い価額で財産を譲り受けるので，不動産の時価と支払額との差額に相当する金額は，Jから贈与により取得したものとみなされます（相7）。贈与において，著しく低い価額の対価であるかどうかは，個々の具体的事案に基づき判定することになります。この判定基準は，所得税法59条における「著しく低い価額の対価」の基準となる「資産の時価の2分の1に満たない金額」とは異なるものです。

(4)　非居住者に対する支払に係る源泉徴収義務

　非居住者に対して，一定の国内源泉所得（所161①四～十六の所得）を国内で支払う場合は，支払者に源泉徴収義務が課されています（所212①）。

　特例として，土地建物等の譲渡対価が1億円以下であり，かつ，その土地建物を譲り受けた個人が自己又はその親族の居住用に譲り受けた場合は，源泉徴収の対象から除外されます（所161①五，所令281の3，所161①三，所令281①一）。しかし，当事例では1億円を超えるので，Kは支払時に源泉徴収する必要があり，Jは譲渡所得の確定申告において，この源泉徴収税額を控除することとなります。

115

Ⅵ　日本に資産等を有する外国居住者に生じる税

52 日印租税条約における使用料条項の適用関係

【事例】

　内国法人甲社は，インドにあるソフトウエア会社（以下「インド法人」といいます。）の高い技術力と妥当な価格を知り，ソフトウエアの開発を依頼してその対価を支払いました。なお，このインド法人は，日本国内に支店等のPE（恒久的施設）を有していません。課税関係はどうなりますか。

---

(1)　結　論

　内国法人がインド法人に対してソフトウエアの開発を委託してその対価を支払う場合，その役務の全てがインドにおいて提供される場合であっても，インド法人が取得するその所得は，その対価の支払が行われる日本において生じたものとして，日本の課税を受けます。

(2)　人的役務提供事業の対価に対する国内法による課税方法

　国内において人的役務提供事業を行う外国法人が受ける人的役務提供に係る対価は，国内源泉所得に該当し，我が国で20.42％の税率による源泉所得税の課税対象となります（所161①六，212①，213①一）。

　一方，インド法人が日本国外のインドにおいて人的役務提供事業を行うことにより日本法人から対価を得る場合は，人的役務提供が国外で行われており，国内法では国内源泉所得に該当しないため，インド法人が得る対価は我が国では課税されないこととなります。

116

第2章　インバウンドの人的交流

⑶　租税条約による所得源泉地の置換え

　租税条約が，所得の源泉地について国内法と異なる定めを規定する場合は，条約が定める源泉地によることとされています（所162，法139）。

⑷　日印租税条約12条

・　技術上の役務に対する料金

　日印租税条約12条4項に「技術上の役務に対する料金」の定義が次のように規定されています。

> 技術者その他の人員によって提供される役務を含む経営的若しくは技術的性質の役務又はコンサルタント役務の対価としてのすべての支払金をいう。

　したがって，国内法で人的役務提供事業の対価に該当するソフトウエアの開発の委託料は，「技術上の役務に対する料金」に該当します。

・　「技術上の役務に対する料金」に対する課税

　「技術上の役務に対する料金」は，その支払者が日本の居住者である場合には，日本において生じたものとされます（日印租税条約12⑥）。つまり，「技術上の役務に対する料金」の所得源泉地は，債務者主義により，所得の支払者の居住地国（本例では日本）となります。

　そして，「技術上の役務に対する料金」に対しては，所得源泉地国においても課税できると規定されています（日印租税条約12②）。

・　事例への当てはめ

　このように国内法と租税条約が異なる源泉地を定めている場合は，租税条約が優先されるため（憲法98②，所162），結果として，日本企業がインド企業に支払う人的役務提供事業の対価は，役務提供地に関係なく全て日本源泉所得とされ，源泉所得税の課税対象となります（所161①六，162，212①，213①一）。税率は10％を超えないものとされています（日印租税条約12②）。

117

Ⅵ　日本に資産等を有する外国居住者に生じる税

53 非居住者が株式等を譲渡した場合の課税関係

(1)　結　論

　内国法人株式の譲渡による所得は，次の①～⑥に該当するものだけが，国内源泉所得で，それ以外は国内源泉所得に含まれないという規定になっています（所161①三，所令281①四～六，八）。

① 　内国法人株式等を買い集めて，その内国法人に譲渡する場合

② 　事業譲渡類似株式の譲渡

③ 　不動産関連法人株式の譲渡

④ 　日本滞在中に行う内国法人株式の譲渡

⑤ 　税制適格ストックオプションを権利行使して取得した特定株式等の譲渡（措法29の2④，措令19の3㉓）

⑥ 　国内にあるゴルフ場の株式形態のゴルフ会員権の譲渡

(2)　非居住者が，株式等を譲渡した場合の課税

　非居住者は，国内源泉所得にのみ課税されます（所7①三）。外国法人株式等の譲渡は国外源泉所得（所95④三，所令225の4①三）ですから，非居住者は課税されません。非居住者が，内国法人株式等を譲渡した場合も，上記(1)の①から⑥に該当しないものは国内源泉所得に含まれないため，課税なしとなります。

(3)　日本法人株式等の譲渡

　日本株式の譲渡益は明らかに日本で生じる所得といえます。ところが，証券会社を通して株式市場で日本法人株式を売却する場合は通常，上記(1)に掲げる①～⑥のいずれにも該当しませんから，その譲渡所得は国内

118

源泉所得に該当しないこととなります。

　これは，国外投資家の譲渡益に課税すると日本株式を買ってもらえないので，その譲渡益を免税にして，日本株式へどんどん投資してもらおうという政策的目的によるものです。非居住者には国内源泉所得のみ課税するという建付けとしたため，整合性を保つために，国内源泉所得に含めないこととしたのです。

　上記中①〜⑤は，申告分離課税，⑥のゴルフ会員権は総合課税で累進税率となります。

　②の事業譲渡類似株式は，譲渡前３年以内に内国法人の発行済株式総数の25％以上を持っている者が５％以上譲渡するものです。③の不動産関連法人株式（不動産化体株式）は，譲渡前１年以内に，資産総額の半分以上が国内土地となる法人の株式です。

　日本法人株式の通常の譲渡益を国内源泉所得に含めないこととしたのに，上記の①〜⑥を国内源泉所得に残したのは，なぜでしょうか。

　例えば，②の事業譲渡類似株式は，総株数の４分の１以上を持つ者が総株数の５％以上譲渡するもので，事業の一部譲渡と実質的に同じです。事業譲渡は課税ですから，国内源泉所得に残したのです。③の不動産関連法人株式（国内土地が総資産の半分以上を占める法人の株式）の譲渡は，国内土地を売るのと実質的に同じなので，租税回避に利用されるのを防ぐために国内源泉所得とされています。

(4)　租税条約

　租税条約でも，株式譲渡は，特定のケースを除いて売却者の居住地国のみが課税すると規定するものが多いです。ただし，何が特定のケースとなるかは条約により異なり，国内法による上記(1)の①〜⑥とも一致しないので，株式等の有価証券を譲渡する場合は，条約のチェックは欠かせません。

VI　日本に資産等を有する外国居住者に生じる税

54 非居住者が国内不動産を賃貸する場合の課税

(1)　結　論

　非居住者が国内にある不動産の賃貸による所得を有する場合は，賃料の支払時に支払金額に対して20.42％の税率で源泉徴収を受け，かつ，不動産所得について確定申告をする必要があります。確定申告により確定する税額から源泉徴収税額を控除し，差額を納付するか還付を受けることとなります。

(2)　国内にある不動産を賃貸した場合の課税

　国内にある不動産の賃貸料は国内源泉所得に該当するので，非居住者も課税されます。国内不動産の賃貸料は，源泉徴収の上，確定申告を要するものに該当しますので，非居住者へ支払う時に源泉徴収され，かつ，非居住者自身が確定申告する必要があります（所161①七，164①二）。

　なお，確定申告において非居住者に適用される所得控除は，雑損控除（所72），寄附金控除（所78）及び基礎控除（所86）の３つに限定されています（所165①カッコ書）。

(3)　非居住者に賃貸料を支払う者の源泉徴収義務

　非居住者が国内にある不動産を貸し付ける場合に，その賃貸料を国内において支払う個人又は法人は，その支払いの際に賃貸料支払額の20.42％を所得税として源泉徴収し，翌月10日までに支払者の支払事務所の支払日における所在地を所轄する税務署に納付しなければなりません（所17，212①，213①一）。

　ただし，不動産を自己又はその親族の居住用に借り受けた個人が支払

第 2 章　インバウンドの人的交流

うものは，源泉徴収の必要はありません（所212①，所令328二）。これは，住宅家賃を支払う個人に源泉徴収義務を課しても，その実行を期待できないため，居住用に借り受けた個人には源泉徴収義務を課さないこととしたものです。

(4)　源泉徴収義務者において留意すべき事項

　国内不動産の貸主が居住者なら，支払者に源泉徴収義務はありません。しかし，貸主が非居住者なら，原則として支払額から20.42％の税率で源泉徴収しなければいけません。したがって，法人及び居住用以外の目的で借りる個人は，賃料の支払先が非居住者かどうかを確認する必要があります。

　貸主が「私は居住者です」と言い，支払者が貸主の住民票を確認したところ，確かに住民登録もしている。それで，支払者が「貸主は居住者だと信じて源泉徴収しませんでした」と主張しても，税務署から「送金先が国外の銀行口座なのだから，ちゃんと事実関係を調べれば非居住者だとわかったはずだ」と言われて，告知処分を受ける可能性があります。源泉徴収義務者にも，賃料の支払先について居住判定が必要なのです。

(5)　給与課税される非居住者の国内不動産が赤字となった場合

　貸主が国内勤務に基因する給与所得を有する場合，国内勤務に基因する給与は国内源泉所得に該当するので，非居住者も課税されます。

　この給与は，国内で支払われる場合は源泉分離課税の対象（所212①）となり，国外で支払われる場合は申告により納税する必要があります（所172）。しかし，いずれも分離課税の対象とされています（所164②二）ので，国内不動産の赤字との損益通算はできません。

Ⅵ　日本に資産等を有する外国居住者に生じる税

55 匿名組合契約に基づく利益分配の税務

(1)　結　論

　個人の匿名組合員に対する利益の分配は，原則として総合課税の雑所得として課税されます。しかし，租税条約が「その他所得」条項を設けて，居住地国のみが課税できると規定する場合，所得の生じた国での課税はないこととなります。

　「その他所得」について，所得が生じた国にも課税を認める条約（例えば，日加租税条約20③）ならば，所得源泉地国も課税できます。また，匿名組合員が取得する利得に対して所得が生じる締約国においても課税できると規定する条約もあります（例えば，日英租税条約20，日仏租税条約20のA，日米租税条約議定書13(b)）。

(注)　租税条約における「その他所得」条項は，個別の所得として条約の他の条項に規定のない種類の所得に適用されるものです。

(2)　匿名組合契約とは

　匿名組合契約とは，匿名組合員と営業者との二者間契約で，匿名組合員は，営業者の営業から生じる利益の分配を受ける権利（利益配当請求権）を有し（商法538），営業者は，匿名組合員に対し利益を分配する義務を負います（商法535）。

　匿名組合契約に基づいて営まれる組合事業に係る所得は，匿名組合員に直接帰属せず，営業者に帰属し，匿名組合の所得は営業者に課税されます。営業者が分配する利益は，営業者の損金（必要経費）となり，匿名組合員に課税されます。営業対象は制限されていません。

122

第2章　インバウンドの人的交流

(3)　匿名組合員の課税関係

国内において事業を行う者に対する出資につき，匿名組合契約に基づいて受ける利益の分配は，国内源泉所得と規定されています（所161①十六）。その所得区分は，原則として雑所得となります（所基通36・37共-21）。

ただし，匿名組合員が匿名組合契約に基づいて営業者の営む事業に係る重要な業務執行の決定を行うなど組合事業を営業者とともに経営していると認められる場合は，匿名組合員が受ける利益の分配は，営業者の営業内容に従い，事業所得又はその他の所得とされます（所基通36・37共-21但書）。匿名組合員は，組合財産に対して出資額の範囲内でのみ責任を負い（商法536④），営業者の行為について，第三者に対して権利義務を有しません。

(4)　営業者の源泉徴収義務

営業者が匿名組合員に分配する利益の額は，営業者の匿名組合事業に係る所得の計算上必要経費に算入します。

居住者である匿名組合員に利益を分配する場合，営業者は20.42％の税率により源泉徴収する必要があります（所210①，211①）。利益を受領する個人は，原則として総合課税の雑所得として申告し，源泉税額を控除することとなります。

非居住者である匿名組合員に利益を分配する場合も，営業者は，20.42％の税率により源泉徴収する必要がありますが，源泉徴収により課税が完結するので，匿名組合員は確定申告することはできません（所164②二，212①，213①）。

123

Ⅵ 日本に資産等を有する外国居住者に生じる税

56 国外中古建物の税務

【事例】

　国外中古建物の貸付けにより多額の減価償却費を計上して不動産所得の赤字を発生させ，これを給与所得などと損益通算して納税額を軽減するスキームがあります。この税額軽減スキームを封じる特例措置が令和２年度税制改正により創設されたとのことですが，詳しく教えてください。

---

(1) 結　論

　国外にある中古建物について，簡便法を使って短い耐用年数で減価償却をしている場合，国外中古建物の貸付所得が赤字になったときは，赤字の金額のうち簡便法により算出した減価償却費は，生じなかったものとみなされます。

(2) 国外中古建物の貸付けによる税額軽減スキーム

　中古資産の耐用年数は，その使用可能期間の年数とすることができますが，使用可能期間の年数を見積ることが困難なものについては，簡便法の適用が可能です。簡便法というのは，例えば，木造貸家の法定耐用年数は22年ですが，22年を過ぎた家を貸すときは，22年の２割の4.4から小数点以下を切り捨てた４年で償却する方法です。

　法定耐用年数を超えた国外中古建物を取得して貸付け，簡便法により短期間で多額の減価償却費を計上して，多額の不動産の赤字を発生させ，この赤字を給与所得等と損益通算することにより税額を軽減させるとい

124

第2章　インバウンドの人的交流

うスキームの利用者が相当の数に上っていました。

(3)　国外中古建物の不動産所得に係る損益通算の特例の創設
（措法41の4の3）

　不動産賃貸について，国外中古建物の不動産所得に係る損益通算に関する特例が創設されました。

　国外にある中古建物は，築100年を超えても高額で取引されるものが多いのですが，国外中古建物について簡便法による短い耐用年数により減価償却している場合，国外中古建物の貸付けによる損失の金額のうち，簡便法による償却費に相当する金額は生じなかったものとみなされます。

　国外にある他の不動産貸付けから利益が出たときは，国外中古建物の貸付けによる損失から，その他の国外不動産の利益を差し引いた後の中古建物の赤字から，簡便法で出した減価償却費を除外します。つまり，ほかの国外不動産の利益の分だけ，簡便法の償却費を経費にすることができます。

　貸付損失から除外された簡便法の償却費は，償却費累計額には含まれません（措法41の4の3③）。ですから，この国外中古建物を譲渡する場合は，取得費が増えるので，譲渡した場合の所得税額は少なくなります。

　この改正は令和3年分以後の所得税について適用されています（措法41の4の3①）。令和2年12月31日以前に取得した国外中古建物であっても，令和3年分以後の所得税については，本特例が適用されます。しかし，遡及適用はされませんから，令和2年分以前の所得税については，従来どおりの計算のままで大丈夫です。

Ⅶ　日本に滞在する外交官，米軍基地関係者等に生じる税

57 日本で採用された駐日外国大使館職員の課税

【事例】

　外国G国の駐日大使館に勤務する日本人職員Nは，G国大使館から受ける給与について，支払の際に外国の所得税が徴収されています。日本の課税はどうなりますか。

---

(1)　結　論

　日本国籍を有する者及び日本に永住する許可を受けている者は，外国大使館から受ける給与について，日本で課税されます。

(2)　外国大使館に勤務する者の課税関係

　外国政府等に勤務する者が，その勤務により受ける給与については，一定要件のもとに国内法上非課税とされます。当該要件の1つとして，外国政府等に勤務する者が日本の国籍を有せず，かつ，日本で永住許可を受けていないことが条件とされますので，Nが日本国民である以上，当該給与は日本では非課税になりません（所9①八，所令24，所基通9-12）。

　また，外交関係に関するウィーン条約においても，37条4項において，使節団の事務職員等でその給与が免税とされるのは，接受国の国民でない場合等に限られており，租税条約における政府職員条項においても，外国政府に勤務する自国民については課税することとされています（OECDモデル条約19）。

　したがって，Nが外国大使館から受ける給与については，国内法上及び条約上においても日本で課税されることとなります。

126

第2章　インバウンドの人的交流

(3)　二重課税の排除

　当該給与について外国所得税が徴収される場合は二重課税となりますが，日本側で免除する規定がありません。

　二重課税を排除するには，外国において免税とするほかないと考えられますので，日本との租税条約の規定などを検討するよう，外国大使館を通して外国政府に依頼されるとよいでしょう。

　参考に，多くの租税条約の雛形となっているOECDモデル条約19条（政府職員）の規定中，関係する部分を当事例に当てはめ，かつ，要約して紹介します。

1．a)　G国政府に対し提供される役務につき，個人Nに対しG国政府が支払う給料に対しては，G国のみ課税できる。

　　b)　もっとも，当該役務が日本国内において提供され，かつ，個人Nが次の(i)又は(ii)に該当する日本の居住者である場合には，その給料に対しては，日本のみ課税できる。

　　　(i)　日本の国民

　　　(ii)　専ら当該役務を提供するため日本の居住者となったものでないこと

127

Ⅶ 日本に滞在する外交官，米軍基地関係者等に生じる税

58 米軍基地に勤務する米国人の妻が英語教師のアルバイトをした場合の税務

- - 【事例】- -

　米軍の厚木基地に勤務する軍属の妻G（米国人）は英語教師のアルバイトをしています。日本の課税はどうなりますか。

- -

⑴ 結　論

　米軍基地に勤務する米国人の家族は，非居住者として扱われることから，アルバイトの報酬は，非居住者に対する給与として，収入金額に対して20.42％を乗じて源泉徴収され，それで課税は完結します。

⑵ 米国軍の構成員等に関する取扱い

　米国の軍隊の構成員，軍属及びそれらの家族については，実際に日本にある米軍基地内に居住していても，日米地位協定（「日本国とアメリ合衆国との間の相互協力及び安全保障条約6条に基づく施設及び区域並びに日本国における合衆国軍隊の地位に関する協定」）13条2項及び「同協定の実施に伴う所得税法等の臨時特例に関する法律」3条3項により，米国軍人等として勤務することにより取得する給与は日本の課税が免除されています。

　また，米国軍隊の構成員若しくは軍属又はこれらの家族であるという理由のみによって日本国にある期間は，日本の税務上，日本に居所又は住所を有する期間とは認めないと規定しています（日米地位協定13②後半）。そうすると，非居住者となるので，国外源泉所得については我が国では課税されません。

128

米国軍隊の構成員等とは，以下の者です（日米地位協定1）。

① 米国軍隊の構成員（日本にある米国陸海空軍に現に服役中の軍人をいいます。）

② 軍属（米国籍を有する文民で，軍に雇用され，勤務し，又はこれに随伴するものをいいます。）

③ 家族（次の者をいいます。）

　イ　配偶者及び21歳未満の子

　ロ　父，母，及び21歳以上の子で，その生計費の半額以上を米国軍隊の構成員又は軍属に依存する者

(3)　アルバイト収入への課税の取扱い

米国軍隊の軍人等として勤務することによる給与以外の所得，例えばアルバイト収入や，その家族が語学教師として得る所得については，非居住者として課税されます。

Gは，軍属の配偶者として日本に住んでいるので，米国軍隊の構成員等に含まれ，非居住者となります。

アルバイト収入は，米国軍人等として勤務することにより取得する給与に該当しないので，免税されません。

そうすると，Gのアルバイト収入は，非居住者の国内源泉所得として課税されることとなり，収入金額に20.42％の税率を乗じて算出した税額により源泉徴収され，それで課税は完結します。なお，確定申告できないので，累進税率の適用はできず，源泉税の還付を受けることはできません。

第 3 章

アウトバウンドの
人的交流

Ⅰ　アジア地域への移住・ロングステイで生じる税

59 フィリピン国籍の取得と　　ロングステイの税務

⑴　結　論

　フィリピンは外国人がロングステイのビザを取得するのにはハードル
が低い国といえます。また，所得税における外国人の居住形態の判定が
特異ですので注意が必要です。

⑵　フィリピンの国籍

　フィリピンに限らずアジア地域への移住等では，シンガポールの場合
を除き，一般的に，気候が温暖で，物価が安く生活費が高くないという
メリットと，衛生面における不安等のデメリットがあるといわれています。
　以下では，フィリピンの国籍，永住権の取得，その他のビザを検討し
ます。国籍については，日本が重国籍を認めていませんので，外国国籍
を取得すると日本国籍を放棄することになりますが，日本と外国の二重
国籍の者が潜在的に相当数存在するといわれています。日本とフィリピ
ン間の国籍問題である大半は，フィリピン国籍の者の日本への帰化ある
いは両親のいずれかが日本国籍である場合の子供の国籍の問題です。
　なお，出生に関しては，フィリピンは二重国籍を認めており，血統主
義です。

⑶　ロングステイのためのビザ

　商用又は観光の目的であれば，フィリピンに入国する際のビザは不要
となり最大で30日間フィリピンに滞在することができ，その後は延長を
繰り返すことで最長で36か月間フィリピンに滞在することができます。
①　フィリピン・クオータビザ

132

第3章　アウトバウンドの人的交流

　フィリピンの永住権取得のビザには，国別に50の枠で割り当てられるフィリピン・クオータビザがあります。このビザは，永住ビザで，年齢20歳以上，供託預金5万米ドル，滞在期間無制限，1年ごとの更新等の条件があります。50という枠から取得が難しいという理解と，条件の内容から取得のハードルは低いという理解の双方があります。

② **退職者特別居住ビザ（Special Resident Retiree's Visa：SRRV）**

　35歳以上の年齢制限はありますが，犯罪歴がなく，医療検査で問題がなければ，供託金を預けることで，滞在期間が無制限となるビザです。

③ **特別投資家ビザ**

　特別投資家ビザは21歳以上の年齢制限と，一定額（7万5千米ドル）の投資が条件で，投資が継続する限り，滞在制限はありません。

　上記以外にも，ビザの種類はあります。日本から見ると，各種のビザの条件は異なりますが，永住権に近い状況を得ることはできることから，フィリピンのロングステイ用のビザは選択肢が多いといえます。同国における長期滞在の邦人数は約17,000人，60代以上の移住者数は約4,400人です。

(4)　フィリピンの個人所得税の税務

　フィリピンは，納税義務者の判定方法が日本と異なっています。

　居住市民は全世界所得が課税対象となり，非居住市民，居住外国人，非居住外国人についてはフィリピン源泉所得が課税対象となります。

　外国人の場合，居住形態は個人のフィリピン滞在期間とその性質によって決定されます。短期滞在して達成できる特定の目的をもってフィリピンへ入国した個人は居住外国人とはみなされず，フィリピンへ居住する外国人で永住の意思のある者は居住者とされます。フィリピン国内の住居を取得した外国人はその住居を処分する意図をもっていても出国するまで居住者とされます。所得税の最高税率は35％です。

Ⅰ　アジア地域への移住・ロングステイで生じる税

60 インドネシア国籍の取得とロングステイの税務

(1)　結　論

　インドネシアは比較的ロングステイ等に係るビザの発給条件が緩いといわれています。

(2)　インドネシア国籍

　インドネシアでは2022年5月31日，インドネシア国籍の取得等に関するインドネシア共和国政令を改正する政令（2022年21号）が施行されました。この改正により，2006年7月31日以前にインドネシア国籍者と日本等外国籍者との間に出生した者のうち，インドネシア国籍法（2006年12号）41条の登録を行わなかった者等がインドネシア国籍を取得するためには，2024年5月31日までにインドネシア法務人権省へ帰化申請を行う必要が生じました。

(3)　インドネシアのビザ

　インドネシアはバリ島を始めとして多くの観光地があります。また，近年では，同国における日本企業の拠点が増加しています。インドネシアのビザについての概況は次のとおりです。

ビザの免除	観光等の目的の場合，30日の滞在期間（延長はできません。）が認められます。
到着ビザ（VOA）が必要な場合	30日の滞在期間の1回のみの延長（60日）ができます。このビザの取得方法は，インドネシア到着後にVOAと書かれたカウンターで35USドルを支払うと取得できます。なお，写真や書類等は必要ありません。

134

第3章　アウトバウンドの人的交流

マルチプルビザ （B212）	有効期間は1年，入国後，出入国が自由なビザで1回の入国に おける滞在期間は60日です。
就労ビザ （C312）	滞在可能期間は24か月です。このビザは，インドネシア国内 で働くことができるものです。
リタイアメント ビザ	年金受給者である55歳以上の外国人が対象です。以後1年ご とに5回延長ができます。その後に永住許可を申し込むこと ができます。在留邦人のうちの長期滞在者数は約19,300人，60 代以上の移住者は，約2,600人です。
永住権（永久 滞在許可証）	正当な滞在許可証を所持し，5年間継続居住した人は永住権 を申請する資格が得られます。取得後は5年ごとの更新にな ります。

⑷　インドネシアの個人所得税

　納税義務者の居住者は，12か月間又は暦年のうち183日超インドネシアに滞在する者，又は課税年度に居住する意思を持って滞在する者で，所轄税務署（ジャカルタに居住する外国人の場合はBADORA税務署）に納税義務者の登録をします。課税所得の範囲は全世界所得です。

　非居住者は，居住者以外の者で，インドネシア源泉所得に対してのみ課税され，原則20％の源泉徴収で完結します。

　インドネシアの課税年度は暦年基準であり，納税義務者は税務署に登録して納税者番号（NPWP）や納税事業者認証番号（PKP）を取得した上で，月次及び年次申告書を定められた期限までに提出して納税を行うのが基本的な手順となります。個人の場合は翌年の3月31日までに年次確定申告書を提出しなければなりませんが，給与所得者以外は，毎月，月次の予定申告納付をします。

　税率は最高税率が30％です。なお，納税者番号（NPWP）を有しない者の給与にかかる源泉徴収税率は，当該税率の20％分が追加されます。

135

I アジア地域への移住・ロングステイで生じる税

61 タイ国籍の取得と ロングステイの税務

(1) 結 論

　タイはロングステイするためのビザが各種あります。格安航空券の普及により，日本に一定の所得があり，タイ在住という人も増加しているといわれています。

(2) タイの国籍

　1965年制定のタイ国籍法は，重国籍を認めておらず，出生に関しては，血統主義です。

　日本人が帰化による国籍取得を望む場合，永住権の取得の後，帰化申請というのが手順です。

(3) タイのビザ

　タイのビザの種類は下記のとおりです。

観光等の ノービザ	滞在期間は30日です。
観光ビザ	滞在期間は60日です。
非永住ビザ	シングルとマルチプルの選択ができます。シングルは，一度出国すると失効しますが，マルチプルビザは，有効期間内であれば，出入国を繰り返せます。タイで就労するためには，ビザとは別に労働許可を取得する必要があります。
ロングステイ ビザ	50歳以上で就労できない者が取得できるもので，有効期限は1年です。
永住ビザ	日本人に対して年間100人の枠があります。永住権取得のためには，犯罪歴等がないこと，非永住ビザ保有者で，1年間の滞

136

	在許可を更新して３年以上得ていること，タイ語日常会話レベル以上の語学力のあること，その他一定の費用が必要です。
スマートビザ	対象者が高度技術専門家，投資家，企業役員，スタートアップ企業の起業家で，日本の高度外国人材の目的と類似しています。このビザ保有者は最長４年間の滞在許可が認められるほか，就労許可の免除等の特典が与えられます。

⑷ タイの個人所得税

　タイ税法上の納税義務者の判定として，個人は居住者と非居住者に区分されます。居住者と非居住者の区分基準は，タイ国内での滞在期間により判定されます。居住者は，課税年度（暦年）において通算180日以上タイに滞在する者が居住者とされます。

　居住者の課税所得の範囲は，タイ国内源泉所得及びタイに送金された国外源泉所得が課税対象とされます。したがって，国外源泉所得のうち，タイに送金されないものについては課税対象とされません。

　非居住者の課税所得の範囲は，タイ国内源泉所得のみが課税対象とされます。

　課税年度は暦年基準です。所得の生じた年度の翌年３月末（電子申告の場合は翌年４月８日）までに税務当局に確定申告書を提出し，納税しなければなりません。なお，夫婦合算申告の選択が可能となっています。

　給与に対する源泉徴収制度があります。具体的には，給与支払者の法人は，支払月の翌月７日までに申告・納税を行う必要があります。また，非居住者へ支払われる利子及びロイヤルティについては15％，配当については10％の税率により所得税が源泉徴収されます。所得税の最高税率は35％です。

Ⅰ　アジア地域への移住・ロングステイで生じる税

62 オーストラリア国籍の取得と ロングステイの税務

(1)　結　論

　オーストラリア（以下「豪州」とします）は，高度外国人材に類似する者あるいは所定の退職者投資家に永住権が与えられます。

(2)　豪州の国籍（市民権）

　第1章**05**の米国の項で説明したのと同様に，豪州は国籍と市民権があります。米国は，国籍がありながら市民権のない者がいますが，豪州では，重国籍が認められるほか，国籍と市民権が同じです。したがって，豪州の市民権を取得すると，豪州国民として，選挙権があり，同国のパスポートの取得もできます。

(3)　豪州のビザ

　日本パスポートを所持して，観光，出張等の目的で豪州へ渡航する者は，電子渡航許可（ETA：Electronic Travel Authority）を申請しなければなりません。日本は，適用対象となる45か国に含まれていますので，ETAを取得します。

　同様のビザにeVisitorがあります。これはETAと同様に，豪州観光・トランジット・ビジネス目的で，有効期限12か月間に連続90日滞在することができます。eVisitorは，EU加盟国やアイスランド，アンドラ，サンマリノ，スイス，ノルウェー，バチカン市国，モナコ，リヒテンシュタインの国籍を持つ者が豪州へ渡航する際に必要なビザです。

(4)　豪州の永住権

　豪州における永住権が認められるビザには次のようなものがあります。

技術独立永住ビザ	数種類がありますが，そのうちの技術独立永住ビザは，年齢が45歳未満で，会話力があり，移民局査定によるポイントがある者です。豪州における居住及び就労が無期限で認められます。
長期滞在ビジネスビザ	3か月以上4年未満の長期就労を目的とするビザです。就労先に制限があり，ビザを取得した際のスポンサー会社以外では就労をすることはできません。
退職者投資家ビザ	対象者が，夫婦どちらかが55歳以上又は配偶者以外に扶養家族がいない者で，一定以上の資産を有している者が，豪州に長期的に滞在するためのビザです。滞在期間は4年間で延長4年間が更新できます。都市部に居住希望の場合の資産額は75万オーストラリアドル，更新時は50万オーストラリアドルです。

(5)　豪州の個人所得税

　納税義務者となる居住者は，豪州で社会通念上「居住する」者で，豪州に住居を有する者又は課税年度の過半（183日以上）を滞在する者は，税法上居住者とされます。居住者については，その全世界所得に対して課税されます。

　一時居住者は，サブクラス457（従来のオーストラリアの長期就労ビザ）などの一時滞在ビザを所持する居住者で，当人及びその配偶者が社会保障制度上の居住者でないことが要件とされます。2006年7月1日から新たに導入され，国外で発生した投資所得や，国外資産に対するキャピタル・ゲイン税が免税されます。海外から高度技能労働者を誘致するのがその目的です。

　非居住者（居住者以外の者）は，豪州国内源泉所得に対してのみ課税されます。

Ⅱ　欧州地域への移住・ロングステイで生じる税

63 マルタ国籍の取得と
ロングステイの税務

(1)　結　論

　マルタは，EU加盟国であるとともに，シェンゲン協定により同協定
加盟国への出入国が自由です。永住権取得に特典があることから，注目
されています。

(2)　マルタの概要

　マルタは正式国名がマルタ共和国で，地中海のイタリアシチリア島
の南に浮かぶ島国で，国土面積は淡路島の半分程度，人口は約52万人
です。EU加盟国で，税務執行共助条約に参加，金融情報自動化交換制
度（AEOI）に参加しています。法人税率は一律35％ですが，税率の約
86％が還付となり，実質５％程度の法人税率の適用となります。

　EU加盟のタックスヘイブンとしては，アイルランドと双璧です。経
済水準が高くリゾート地としても知られており，観光地としての魅力が
あります。ただし，物価は比較的高めで，特に宅地の数が少ないため不
動産が高額なのはデメリットです。

　観光等の場合は，観光等のビザで３か月の滞在ができます。

(3)　マルタの国籍取得

　マルタは重国籍を認めています。政府への所定金額の寄付，国内にお
ける所定金額以上の不動産の取得，所定の金融商品の取得をすることで，
国籍取得が可能になります。

　重国籍を認めていない日本のような場合では，重国籍にならない永住
権取得という選択肢もありますが，母国が重国籍を認めている国の者に

140

第3章　アウトバウンドの人的交流

とっては，国籍取得も問題はありません。

(4)　永住権の取得

マルタには，永住権を認めるゴールデンビザといわれるものがあります。この法律は2021年3月に要件の改正が行われました。この改正により，従前の要件であったマルタ国債の購入要件が削除されました。

新しいゴールデンビザの要件は以下の不動産に投資（購入又は賃貸）のいずれかをし，5年以上保有することです。

ゴザ島/ マルタ島南部	30万ユーロ以上の不動産を購入と28,000ユーロの支払い，左記以外の地域の場合は35万ユーロ（約6,000万円）以上の不動産の購入
不動産の 賃貸の場合	ゴザ島/マルタ島南部であれば1万ユーロ以上の不動産の賃貸と58,000ユーロの支払い，上記の地域以外であれば年間賃料1万2,000ユーロ（約200万円）以上

申請者の要件は，18歳以上で，保有資産が50万ユーロ以上（うち金融資産が15万ユーロ以上）あると証明できること等の要件があります。

(5)　マルタの税務

マルタの所得税最高税率は35％ですので，税負担が重いという意見もありますが，上記のゴールデンビザ取得の場合，国外所得の課税は，送金がない限り課税されません。

例えば，マルタと租税条約を締結している国（78か国）に所得があれば，課税の減免もあり，マルタの課税がなければ税負担は軽減されます。これと同様の課税は，スイス（一部の州），ポルトガルで富裕層受入策として実施されています。

141

Ⅱ　欧州地域への移住・ロングステイで生じる税

64 フランス国籍の取得と ロングステイの税務

(1)　結　論

　　フランスは，**63**のマルタのように，一定の投資をすれば永住権が与えられるようなゴールデンビザの制度はありません。資格取得には一定の在仏滞在を求められます。

(2)　フランス国籍の取得

　　フランスは重国籍を認めています。フランスで出生した場合は，以下の条件で国籍を取得できます。

父母のどちらか一方がフランス国籍の場合	出生届を出せば自動的にフランス国籍になります（両系血統主義）。
両親が外国人の場合	子供がフランスで生まれたこと及び両親のどちらかがフランスで生まれたことの両方が満たされた場合，自動的にフランス国籍となります（出生地主義）。

　　婚姻に関係なく帰化を希望する場合は，フランスに５年以上住んでいること，正規滞在であり，犯罪履歴がないこと，フランス語が話せること，安定した就労生活，フランスの歴史及び文化及び社会に関する知識がある，フランス共和国の原則及び基本的な価値に関する理解をしていることが満たされると，申請ができます。

(3)　１年以上の長期滞在をする場合

　　2016年11月に「フランスにおける外国人の権利に関する法律」の施行令が発効し，ビザ・滞在許可証の取得に関する手続が変更されています。１年滞在する場合には，才能パスポート（passeport talent），サラ

リエ・デタッシェ ICT（salarié détaché ICT）等があります。

　この変更は，優秀な外国人の滞在を容易にすることでフランスの国際競争力を向上させる狙いがあるとされています。例えば，駐在員の場合，最長4年間有効で更新可能な「才能パスポート」を取得すれば，労働許可証の取得は不要となります。日本企業の現地法人等との間に労働契約がなく，在籍出向・駐在する場合は，「才能パスポート」ではなく「サラリエ・デタッシェ ICT」のビザ・滞在許可証を申請します。この場合の有効期間は最長3年間で，更新は不可能です。

⑷　フランスに永住する場合

　2017年に永住権（carte de résident permanent）が制定されました。それ以前は10年ごとに更新する10年許可証を永住権扱いとしていましたが，改正後は，①10年許可証を複数回更新して連続して保持していること，又は②10年許可証を持っていて60歳以上であることが永住権取得の条件になります。

⑸　フランスにおける所得税の課税関係

　所得税の納税義務者及び課税期間について，フランス居住者は全世界所得に課税され，それ以外の非居住者はフランス源泉所得及びフランスの資産を処分した場合に生じるキャピタルゲインに対してのみ課税されます。以下の場合は，フランス居住者とされます。

①　個人の住居又は主たる居所がフランスにある場合
②　フランス国内において事業を行っており，それが二次的なものであることを証明しない場合
③　経済的利害関係の中心がフランスにある場合

　課税期間は原則として1月から12月の暦年課税ですが，事業所得による会計年度が設けられている場合には当該期間とすることができます。

143

II　欧州地域への移住・ロングステイで生じる税

65 英国国籍の取得と
ロングステイの税務

(1)　結　論
　英国の特徴は，海外に多くの領土等を有していることです。また，EUを離脱したことで，欧州では独自の状況にあるといえます。

(2)　英国の国籍取得
　英国の国籍を取得する方法は，出生と帰化する場合に大別されます。
　英国の国籍法は，1981年に改正され，改正前は出生した子供について，出生地主義でしたが，改正後は，英国国籍の場合，父母のいずれかが自国民の場合，子も自国民になる父母両系血統主義となりました。また，長期滞在資格を取得して一定期間が過ぎた後に国籍を取得できるようになっています。
　なお，改正後であっても，英国本国又は海外領土で生まれた人物の大半が出生とともに英国国籍を与えられています。さらに，英国で出生した外国人について，特定の状況において英国市民権を取得できるよう定められました。
　帰化の登録申請の条件は，以下のとおりです。
①　18歳以上（なお，18歳以下の子供は，英語の試験なしに申請することが可能です）
②　犯罪歴がないこと
③　英国に連続して滞在していること
④　英語の能力があること
⑤　永住権を保持し取得後12か月を経過していること

144

第 3 章　アウトバウンドの人的交流

⑶　英国の市民権

　市民権申請のための資格要件は，最低 5 年間，英国に居住しており，その 5 年のうち450日以上英国を離れていないこと，さらに，上記 5 年のうち，直近の12か月のうち90日以上英国を離れていないことです。

　英国の市民権とは，国民としての持つ各種権利と義務が与えられることを意味し，また公職の選挙権，被選挙権を通じて政治に参加できるようになるということを意味します。

⑷　英国税法上の居住者判定

　英国税法では，居住者あるいは非居住者の定義が規定されていませんでしたが，2013年財政法居住形態判定テスト（SRT）が導入されました。居住者と判定されるためには， 4 つのテストのいずれか 1 つと国外居住者テストのいずれにも該当しないことが条件となります。居住者判定の 4 つのテストは以下のとおりです。

　①　英国内に課税年度中183日以上滞在
　②　英国内に住居を所有
　③　 1 年間を通して英国内における労働等の実績
　④　直近 3 年間に上記の 3 要件のいずれかに該当する場合

　上記の要件に合致しない者については，英国との関連性テスト（The sufficient ties test）に示された英国との関連性により居住形態が判定されます。

⑸　英国の所得税率

　英国の所得税率は，ウェールズでは低く税率10％，スコットランドでは最高税率47％，その他のイングランド等は最高税率45％と異なっています。英国では，給与所得に対して独自の源泉徴収制度（Pay As You Earn：PAYE）があります。

145

Ⅱ　欧州地域への移住・ロングステイで生じる税

66　ドイツ国籍の取得と ロングステイの税務

(1)　結　論

　外国人がドイツの国籍を帰化により取得する場合，長期の同国における滞在が条件となります。

(2)　ドイツの国籍

　ドイツの国籍法は，1913年に施行されました。出生については，父母両系血統主義ですが，ドイツで出生した者は，両親が外国人の場合は，両親のいずれかがドイツに 8 年間住んでいて，ドイツに永住権を有している場合，出生時にドイツ国籍を取得することもできます。

　EU諸国又はスイス国籍の外国人は，ドイツに少なくとも 8 年間居住し，一定の語学の水準があれば，帰化できる可能性があります。

　なお，ドイツは2024年 1 月に法改正を行い，二重国籍が認められるようになりました。

(3)　ドイツの長期滞在ビザ

　ドイツでは，観光等の目的の場合ビザなしで90日以内の滞在が可能ですが，90日を超える場合，ビザが必要になります。以下は，長期滞在を目的としたビザです。

滞在許可	EU以外の外国人がドイツに90日を超えて滞在する場合に滞在許可が必要になります。滞在許可は，一定期間ごとに更新，又は新たに取り直す必要があります。

146

ブルーカード EU	日本の高度外国人材に対するビザと類似するもので，学歴が大卒で，年収が一定以上（年収４万6,400ユーロ以上，ただし数学・自然科学・技術者・医師に対しては，年収３万7,752ユーロ以上）ある外国人労働者と，その家族に与えられる５年間の滞在許可です。
定住権の無制 限滞在許可	ブルーカードEUの許可を取得後22か月以上の滞在をした場合，無期限滞在許可である定住許可を申請する権利が与えられます。申請時の要件として，ドイツ語の十分な能力が必要になります。
定住許可	無期限でドイツに滞在及び就労ができます。この申請は，通常の滞在許可で５年以上滞在をした後にしかできませんが，申請前に５年以上ドイツに合法的に滞在し，納税をしたという証明が必要になります。

⑷　ドイツの所得税

　ドイツ国内に住所又は居所を有する場合，居住者となり全世界所得が課税所得となります。居所の判定では，暦年中に合計６か月超ドイツ国内に滞在すること，又は２暦年の間に連続して６か月以上ドイツ国内に滞在することが条件となります。

　非居住者の場合，原則としてドイツで生じた所得のみが課税所得となりますが，次の条件のいずれかに該当する場合は，居住者としての課税を選択することができます。

①　全世界所得の90％以上がドイツの課税所得である場合

②　ドイツで課税を受けない所得が，暦年で9,985ユーロ（2022課税年度の独身者の課税最低限の金額）以下である場合

　2022課税年度の税率は，独身者の場合は9,985ユーロ以下，夫婦合算の場合は19,970ユーロ以下がゼロ税率の適用となり，税率は14％から42％までの累進税率ですが，277,826ユーロ（夫婦合算申告の場合は555,652ユーロ）を超える課税所得に対しては，45％の最高税率が適用されます。

Ⅲ　米州地域への移住・ロングステイで生じる税

67 米国国籍の取得とロングステイの税務

(1)　結　論

　米国の永住権取得にあたっては，納税等の義務が伴うことを認識しましょう。

(2)　グリーンカードと市民権

　米国の国籍及び市民権については，第1章05で述べたとおりです。ここでは，永住権を認めたビザであるグリーンカードの説明をします。例えば，日系の米国法人に長年勤務する日本人社員の場合，グリーンカードを取得する例がありますが，このビザを所有する者は，外国に居住したとしても，米国市民と同様の課税を受けることになります。永住権を取得後，一般に5年程度経過すると市民権取得の申請が可能となります。

(3)　居住者判定テスト等

　外国人が税法上の米国居住者となる条件としては，グリーンカード取得の場合を除いて，次の2つがあります。

① 　居住者判定テストの該当者は，現年分の滞在日数＋前年分の滞在日数の3分の1＋前々年の滞在日数の6分の1の合計日数が183日を超えている場合，この者は，米国居住者と判定されます。

② 　非居住外国人は，選択により，米国の納税者となることができます。その結果，税負担が軽減する配偶者と合同申告書を提出できます。

(4)　米国の国籍等の離脱者

　米国では，所得税においても贈与税の場合と同様に，国籍離脱につい

148

第3章　アウトバウンドの人的交流

て税法上の手当を行っています（内国歳入法典877）。その対象者は，離国者及び米国の永住権ビザであるグリーンカードを放棄する長期居住者（long-term resident）であり，かつ，米国を離れる前の5課税年度の平均納税額が124,000ドル超であること，又は，この者の米国を離れる時点における純財産が200万ドル以上である場合等の要件を満たす場合，離脱後10年間にわたり納税義務が生じます。

　2008年6月17日に当時のブッシュ大統領のもとで成立した2008年改正法の301条（離国者に関する課税ルールの改正）は，内国歳入法典877条を改正して，877A条を創設しました。877A条の見出しは，「離国（expatriation）に係る納税義務」です。

　離国者（expatriate）の定義は，877A条の(g)に規定されていて，この離国者には，米国市民権を放棄する者及び米国の永住権であるグリーンカード等の権利を放棄する米国長期居住者が該当します。

　なお，この離国者に関する税は，米国市民等の一般的な出国の際に課される税ではなく，米国市民権等を放棄する者を対象としています。この改正法の適用対象者は，上記の離国者等（米国市民権を放棄する個人及び米国長期居住者）です。米国の離国者等に課される出国税の課税対象者は，米国市民及び米国長期居住者であり，適用除外となる市民は，次のとおりです。

①　他国の市民でありその国の居住者として課税をされており，かつ，

②　出国前15年間のうち米国居住者の期間が10年以下の場合

　また，18.5歳以下で市民権を放棄し，かつ，米国居住者の期間が10年以下の場合も適用除外になります。

149

Ⅲ　米州地域への移住・ロングステイで生じる税

68 カナダ国籍の取得と ロングステイの税務

(1)　結　論
　カナダは，連邦政府と州政府の双方に永住権取得のプログラムがある点で，他国とは異なっています。

(2)　カナダの国籍，市民権及び永住権の区分
　一般的に，国籍は法的概念であるのに対して，市民権は政治的地位を示し，その国の市民として権利，義務を有するものです。カナダの場合，国籍と市民権は同義であり，永住権が市民権と異なっています。すなわち，カナダ永住権保持者（Permanent Resident：以下「PR」といいます）とカナダ国籍保持者（Canadian Citizenship：以下「市民権所持者」といいます）は明確に異なっています。なお，カナダは二重国籍を認めています。

(3)　市民権の取得方法
　市民権取得に関して，IRCC（Immigration, Refugees and Citizenship Canada）のホームページにその詳細が示されています。市民権獲得の申請できる者は次の条件です。
①　カナダのPRであること
②　直近5年のうち3年カナダ居住であること
③　納税申告書の提出
④　市民権テストに合格すること
⑤　申請者の年令が18歳から54歳の場合，CLB（Canadian Language Benchmarks）レベル4以上の語学力（英語又はフランス語）等の語

150

第3章　アウトバウンドの人的交流

　学力を有していること

(4)　永住権の取得方法

　配偶者等が，カナダ人又はPRの場合，永住権が獲得できます（Family Sponsorship）。また，これ以外にも，連邦又は州により永住権獲得プログラムがあります。就労ビザや学生ビザを取得しカナダで就労・就学している「長期滞在者」と比べた場合の，永住者のメリットは次のとおりです。

● 　日本国籍を保持したまま，半永久的にカナダに住み続けることができます。
● 　カナダ国内のどこでも好きなところに居住・就労・就学できます。
● 　カナダ国民が享受しているほとんどの権利を享受できます。
● 　18歳まで教育（公立）が無料です。
● 　医療費が無料（ただし，歯科治療や薬などは対象外）
　条件を満たせばカナダ市民権（国籍）を申請できます。

(5)　カナダの個人課税

　居住者は，全世界所得について総合課税されます。非居住者はカナダにおける事業から稼得された所得，カナダで提供したサービスによる所得及びカナダ所在の資産の売却益等のカナダ国内源泉所得について総合課税され，カナダ源泉の投資所得については，支払の際に収入金額に対して25％（特定の州債の利子は5％）の税率で所得税の源泉徴収が行われます。課税期間は暦年です。居住者と非居住者の区分として，カナダに居住している者は居住者とされますが，特に税法で定義があるわけではなく，住居，配偶者，扶養家族及び個人的な資産の場所，経済的な利害並びに特別な結びつきなどを総合して居住者かどうか決定されますが，暦年で183日以上カナダに滞在する者は居住者とみなされます。

151

Ⅲ　米州地域への移住・ロングステイで生じる税

69 ケイマン・バハマ国籍の取得とロングステイの税務

(1)　結　論

　OECDによる最低税率制度によって，タックスヘイブンに投資をしているグローバル大企業を対象とした15%のミニマム課税が制度化しました。ケイマンやバハマ等のタックスヘイブンで，先進国からの投資がどうなるのか，2024年以降の動向が注目されます。

(2)　ケイマンの概要

　ケイマンはカリブ海にある英国の海外領土ですが，自治権を与えられていることから，ビザ等が必要です。ケイマンの人口は約5万人，所得税，法人税がなく，世界屈指のタックスヘイブンです。

　以下は，ケイマンの経済活動状況の一部です。

　ケイマンで登録している会社数8万社超，登録済投資ファンド9,000以上，760の自社専用保険会社（キャプティブ），ケイマンにおける設立費用は（設立業務を行う者に対する手数料を除き）600ドルです。

　米国財務省資料によれば，米国投資家は2006年末で，約3,760億ドル（59兆7,840億円）のケイマン法人の株式を保有しています。2007年9月現在，米国銀行のケイマンからの借入金1兆5,000億ドル（約238兆円）で外国では最高額となっています。2007年6月現在，米国銀行のケイマンへの貸付金9,400億ドル（149兆円）で英国について2位です。

(3)　ケイマンのビザ

　観光目的で3か月以内の滞在はビザ不要です。

　居住許可証（リタイアメント査証を含む）を所持し8年以上を経過す

152

第3章　アウトバウンドの人的交流

ると永住権の申請権利が得られます。なお，1年以上継続して出国する
場合は永住権を取り消される場合があります。

　リタイアメント査証は年齢に関係なく，毎月1,000ドル以上の年金や
金利収入などがある人に発給されます。

(4)　バハマの概要

　バハマは，英国の海外領土でしたが，1973年英国より独立しています。

　正式国名はバハマ国（Commonwealth of The Bahamas）です。西イ
ンド諸島のバハマ諸島を領有する国家で，面積は福島県とほぼ同じ，人
口は約39万人です。

　ケイマンと同様に，所得税及び法人税の課税がない典型的なタックス
ヘイブンであり，リゾート地としても有名です。

　米国は，重国籍を認めていることから，米国市民でバハマ国籍を所有
している人もいます。

(5)　バハマのビザ

　観光目的の場合，ノービザの有効期間は30日です。なお，米国，カナ
ダ，英国の市民はこの期間が90日です。

　先進国の多くは，バハマを利用するときは，タックスヘイブンとして
の利用であることから，就労目的は多くないと思いますが，就労には2
種類のビザがあります。

短期労働ビザ	90日間就労できます。
長期労働ビザ	犯罪歴がないこと等の書類が必要になりますが，3か月を超えて就労できます。

153

Ⅳ 外国勤務の日本人社員に生じる税

70 海外赴任する日本人社員の課税関係

(1) 結 論

　日本人社員が海外赴任する場合に，事前に抑えておくべき税務上の
チェックポイントがいくつかあります。

(2) 日本人社員が海外に赴任する時の留意点

・ 赴任中の日本の課税範囲

　1年以上の予定で海外赴任する場合，出国の翌日には非居住者になり
ます。ですから，海外赴任中に日本で課税されるのは，国内源泉所得だ
けです。海外勤務期間を対象に支給される給与は国外源泉所得ですから，
非居住者に国内で支払われても，日本では課税されません。

・ 居住判定は遡及訂正しない

　居住形態が変わる場合，過去に遡って訂正することはありません。例
えば，1年以上の予定で海外赴任した後，病気などで中途で日本に帰っ
てきた場合は，日本に帰任するまでは非居住者のままです。そして帰任
した後に居住者に変わります。

　また，1年未満の予定で海外に赴任したが，1年以上に延長されたと
いう場合は，海外赴任が1年以上になると決まった日から非居住者にな
ります。それまでは居住者のままです。

・ 所得控除

　非居住者が適用できる所得控除は，基礎控除，寄附金控除，雑損控除
の3つに限定されています。なお，居住者の時に社会保険料や医療費控
除を適用する場合，控除できるのは居住者期間に支払う分だけです。医
療費は海外で支払ったものも控除できます。海外赴任中に治療しても，

154

出国前あるいは帰国後の居住者の時に支払った分は，その領収書によって控除できます。

- **給与の計算期間の中途で非居住者となったとき**

出国後に支給する給与で，以下の要件を全て満たす場合は，その支給全額について課税しなくて差し支えないという特例があります（所基通212-5）。いったん源泉徴収してしまったら，この特例は使えないので，ご留意ください。

① 出国後，非居住者になってから支給期が到来すること

② 計算期間が1月以下（したがって，賞与はダメです）

③ 計算期間の中途で出国して，居住者から非居住者になること

④ 給与が国外勤務分（国外所得）を含んでいること

- **納税管理人の届出**

出国して非居住者になった後も国内の不動産の貸付けなどの国内源泉所得がある場合は，出国前に納税管理人を選任して，納税者の所轄税務署に届出書を提出する必要があります。

- **扶養親族の判定時期**（所基通165-2）

居住者期間を有する非居住者が納税管理人の届出をして海外赴任した場合は，その年の12月31日現在で判定します。ただし，納税管理人の届出をしないで海外赴任した場合の判定時期は，出国の時です。

- **住民税**

1月1日に日本に住所を有すると，前年1年間の所得に住民税が課税されますが，海外赴任した場合は，翌年の1月1日に日本に住所を有しないので，赴任した年の所得には住民税は課税されません。

Ⅳ　外国勤務の日本人社員に生じる税

71 帰国した海外勤務社員の課税関係

(1)　結　論

　日本人社員が海外赴任を終えて帰国する場合に，会社が事前に押さえ
ておくべき税務上のチェックポイントについて，いくつか紹介します。

(2)　日本人社員が帰任する時の留意点

・　永住者

　帰任した時は，帰国したときから居住者になります。居住者のうち，
日本国籍者は永住者になるので，全世界所得課税になります。給与所得
の所得計上時期は，原則として支給日（支給日が定められていない場合
は実際に支払がされた日）ですが，日本に帰任して永住者になった後に
支給日が到来した場合は，全世界所得に課税されるので，海外勤務の対
価も含めて，給与の全額が課税になります。

・　社　宅

　社宅を貸与された場合の経済的利益の金額を計算する方法として，法
定家賃の計算が認められています。月の中途から入居した場合，その法
定家賃の計算をして経済的利益を給与課税するのは翌月からでよいとい
う特例が基本通達に定められています（所基通36-42(4)，36-45）。

・　給与の計算期間の中途で帰任した場合

　給与の計算期間の中途で帰任して給与の支給を受ける場合，その支給
額のうち国外勤務に基因する支給額は国外源泉所得となります。日本国
籍を有する従業員が帰任すると，帰任した時から永住者となり，国外源
泉所得を含め支給総額が課税されます。

　したがって，支払事務が日本で行われる場合は，支給総額を居住者に

156

対する給与として源泉徴収する必要があります（所基通212-5（注）2）。

- **社員の外国所得税を会社が負担する場合**

外国勤務に基づく給与に対して課される外国所得税を会社が従業員に代わって納税すると，租税手当として給与課税されます。この租税手当は，国外勤務に基因して生じる経済的利益（給与）なので，国外源泉所得とされます。納税を従業員の帰任前にするか，帰任後にするかにより，以下のとおり，日本の課税が異なるので，ご留意ください。

外国所得税を外国赴任中（帰任前）に納税する場合	この租税手当は，非居住者に支給する国外源泉所得となります。非居住者の国外源泉所得には，日本の課税はされません。国内で支払っても，日本の課税なしです。
外国所得税を帰任後に納税する場合	帰任後に納税すると，居住者に支給する国外源泉所得になります。日本国籍を有する居住者は永住者となるので，全世界所得に課税されます。国外事務所が負担して支払っても課税ですが，国外払いは源泉徴収されないので，日本で確定申告を要します。非永住者であれば，国外払いの場合は，国内源泉所得のみ課税です。しかし国内で支給されるときは，国外源泉所得も課税になるので，全額が源泉徴収の対象になります。

- **外国税額控除**

非居住者期間に支給された給与に課された外国所得税は，帰任して居住者になってから納税しても，外国税額控除できません（所令222の2④一）。

- **医療費控除**

居住者期間に支払った医療費の額のみが適用対象となります（所令258③二）。非居住者期間に治療を受けても，帰国後，居住者となってから支払えば，控除できます。逆に，居住者期間に治療を受けても，出国中の非居住者期間に支払えば，控除できません。

Ⅳ 外国勤務の日本人社員に生じる税

72 海外支店に勤務する内国法人役員に対する課税

--- 【事例】 --

内国法人甲社の役員であるUは，ロンドン支店に支店長として派遣され，３年間勤務しており，給与は甲社から支払われています。Uは，昨年約１月間日本に帰国して，日本において勤務しました。Uの課税の取扱いを教えてください。

----

(1) 結 論

役員報酬は，法人所在地国で生じるとする法人所在地国課税が原則ですが，役員報酬であっても，使用人給与と同じ扱いをして，法人所在地国課税をしないケースがあります。

(2) 役員に対する特殊な課税 (原則)

役員に対する課税の原則は，法人所在地国課税です。原則として，内国法人の役員報酬は，国外勤務した時も国内源泉所得です。なぜなら，内国法人役員の報酬は，実際の勤務場所にかかわらず，すべて国内源泉所得になると所得税法で規定されているからです。日本が締結した租税条約においても，役員報酬は法人所在地国でも課税されるのが一般的です。

役員報酬も給与に該当するので，その役員の勤務地国で生じた所得となります。したがって，役員の法人所在地国と勤務地国とが異なるときは，役員報酬は両方の国内法により二重に課税されます。

外国税額控除を適用できる場合は，二重課税の排除又は軽減が可能ですが，二重課税のままとなるケースもたくさんあります。

158

第3章　アウトバウンドの人的交流

(3)　役員に対する特殊な課税（例外）

- **内国法人の使用人として常時勤務する場合**（所令285①一カッコ書）

　役員報酬は，法人所在地国で生じるとする法人所在地国課税が原則ですが，役員報酬であっても，使用人給与と同じ扱いをして，法人所在地国課税をしないケースがあります。それは，日本法人の役員が，日本法人の使用人として常時勤務する場合です。

　例えば，海外支店長や海外工場長等として勤務する場合は，一般の使用人と同様の取扱いをして，国外勤務分は国外源泉所得になります。この例外ルールは，使用人兼務役員とされない専務・常務にも適用ありです。しかし，さすがに代表取締役だけは，使用人扱いするのは道理に合わないので，例外適用の対象外です。

　役員の仕事が，情報提供とか商取引の側面的援助にすぎない場合は，常時勤務とはいえないので，原則どおり，国内源泉所得になります。

- **内国法人の役員が，国外にある子会社に常時勤務する場合**

　日本法人の役員が国外にある子会社に常時勤務する場合，子会社は，支店とは違って別の法人ですが，次の両方に該当すれば，国内源泉所得とされません（所基通161-43）。

① 　子会社の設置が現地の特殊事情に基づくもので，実態が内国法人の支店・出張所と同じであること

② 　役員の子会社勤務が内国法人の命令によるもので，内国法人の使用人としての勤務と認められること

- **内国法人の役員U（ロンドン支店長）が日本に一時帰国した場合**

　Uの役員報酬は，内国法人が支給しているので，日英租税条約14条2項による短期滞在者免税の適用はありません。よって，甲社は，役員報酬のうち日本滞在期間に係る金額について20.42％の税率により源泉徴収する必要があります。源泉分離課税なので，確定申告はできません。

159

Ⅳ　外国勤務の日本人社員に生じる税

73 内国法人の役員の国外勤務に係る外国税額控除の適用

【事例】

　日本居住者である内国法人の役員Ｙが豪州に業務で200日間滞在し，同国の課税を受けました。外国税額控除の適用はどうなりますか。

---

(1)　結　論

　日本法人の役員報酬は，勤務場所にかかわらず，日本の国内源泉所得となるので，日本の課税を受けます。オーストラリア（以下「豪州」）国内での勤務に基因する給与として豪州も課税する場合は，二重課税となります。しかし，日本法人の役員報酬について，日豪租税条約により豪州が課税できる場合は，日本の外国税額控除の控除限度額の計算上，国外源泉所得として，外国税額控除を適用することができます。

(2)　日本法人の役員（日本居住者）が海外勤務する場合の課税

　役員報酬も給与に含まれますが，日本の所得税法161条１項12号イカッコ書は，日本法人の役員報酬は，勤務場所にかかわらず，日本の国内源泉所得になると規定しています。日本が締結している租税条約も，役員報酬は，法人の所在地国（この場合，日本）が課税できると規定しています。

　ところが，役員報酬は，給与に該当するので勤務地国（この場合，豪州）も課税します。つまり，日本法人の役員が外国で勤務する場合，役員報酬は勤務地国の豪州と法人所在地国の日本により二重に課税されてしまうのです。

160

第3章　アウトバウンドの人的交流

(3)　二重課税の救済方法

　国内法で国内源泉所得とされる日本法人役員報酬を，国外源泉所得とみなすことができれば，控除限度額を設けることができるので，外国税額控除の適用が可能となります。

　我が国において，国内法で国内源泉所得とされる所得を国外源泉所得とみなすことができるのは，租税条約によって相手国が課税する場合となります。事例に当てはめると，以下のようになります。

①　日豪租税条約14条 2 項において，Yが豪州国内に滞在する期間が183日を超える場合は，短期滞在者免税の要件を満たさないため，同条約14条 1 項により，Yが取得する役員報酬は，勤務地である豪州が課税することができる。

②　租税条約により相手国が課税する所得は，国外源泉所得となる（所95④十六，所令225の13）。つまり，日豪租税条約により豪州が課税できるので，豪州源泉所得になる。

③　国内法で日本源泉所得に該当する日本法人役員の報酬（国外勤務基因を含む）が豪州源泉所得とされ，国外源泉所得が生じ外国税額控除限度額の計算式の分子に入るので，控除限度額が発生する。

④　豪州所得税の納付額と控除限度額のうち，少ない金額について，日本の外国税額控除を適用できるので，二重課税の排除が可能となる。

(4)　二重課税が救済されない場合

　以下に該当する場合は，役員報酬が法人所在地国と勤務地国で二重に課税されても，外国税額控除限度額の計算に必要な国外所得金額が生じないため，外国税額控除の適用ができず，救済されないこととなります。

①　租税条約が締結されていないとき

②　租税条約が締結されていても，その条約に条約相手国に課税を認める規定がないとき

161

Ⅳ　外国勤務の日本人社員に生じる税

74 内国法人役員が，外国子会社に出向中に退職して内国法人から退職金の支給を受けた場合

(1)　結　論

　内国法人の役員が海外赴任中の非居住者期間に退職した場合に受ける退職手当は，居住者期間及び非居住者期間の全支給額に対して20.42％を乗じる源泉分離課税となります。

　この場合，選択によって，退職手当の総額を居住者として受けたものとして税額計算できる特例が設けられています。

(2)　退職所得の収入計上日

　給与所得の収入計上時期は，支給日又は実際支払日ですが，退職所得の計上日は，退職の日です（所基通36-10）。海外赴任中に退職した場合は，支払が日本帰任後でも非居住者の退職所得とされます。

(3)　退職金の課税方法

　退職手当について国内源泉所得となるのは，従業員は，居住者期間に行った勤務に基因するものです。しかし，内国法人の役員として受ける退職手当は，非居住者期間に行った勤務に基因するものも国内源泉所得に含まれます（所161①十二ハカッコ書，所令285③）。

(4)　非居住者期間に退職した場合の課税（所161①十二ハ，164②二，212①，213①）

　海外赴任中の非居住者期間に退職した場合，日本では非居住者として課税を受けます。従業員の場合は，退職金の支払額のうち，居住者期間に勤務した分に対して税率20.42％を乗じた金額が源泉徴収される源泉

162

第 3 章　アウトバウンドの人的交流

分離課税となります。

　内国法人の役員として受ける退職手当は，居住者期間及び非居住者期間の全支給額に対して20.42％を乗じるので，従業員に比し課税範囲は広くなります。

(5)　居住者期間に退職した場合の課税

　役員が居住者の時に退職した場合は，原則として退職所得控除額を控除後の金額に，累進税率を掛けて分離課税となります。長年日本で勤務し，たまたま非居住者の時に退職した場合の税負担は，居住者で退職した場合に比べて相当高くなることが多く，不公平といえます。

(6)　退職金の選択課税 (所171, 173)

　上記の救済措置として，退職所得の選択課税という制度があります。非居住者が退職金の支払を受けた場合，選択によって，退職手当の総額を居住者として受けたものとして税額計算できる特例です。

　選択課税をしても，非居住者に対する源泉所得税の徴収は免除されませんから，選択課税の確定申告をして源泉税を控除し，還付を受けます。

　役員退職金は，居住者課税の計算方法が従業員と異なるので，選択課税の税額と選択しない場合の税額を比較検討しましょう。なお，選択課税をすると，所得控除は基礎控除を含め全く適用できません (所171)。

(7)　住民税の課税

　非居住者は，選択課税をしても居住者に変わるわけではないので，住民税は課税されません。ただし，退職日の翌年 1 月 1 日に日本に居住していると，前年所得課税のルールによって，住民税が課税されます。

Ⅳ　外国勤務の日本人社員に生じる税

75 国外で勤務する地方公務員の確定申告

【事例】

　地方公務員Ｔは，国内の不動産所得があり確定申告をしていますが，2年間の予定で海外勤務をすることになりました。海外勤務中の確定申告はどうなりますか。

---

(1)　結　論

　国家公務員と地方公務員は，所得税法3条の規定により，原則として海外勤務期間中も日本に住所があるものとみなされます。

(2)　公務員の課税の基本ルール

　公務員は，勤務地が外国であっても，派遣した国に課税権があります。日本の公務員が外国で勤務しても，日本では居住者としての課税を受けます。その根拠規定は，次の所得税法3条1項です。

　国家公務員又は地方公務員（これらのうち日本の国籍を有しない者その他政令で定める者を除く。）は，国内に住所を有しない期間についても国内に住所を有するものとみなして，この法律（第10条（障害者等の少額預金の利子所得等の非課税），第15条（納税地）及び第16条（納税地の特例）を除く。）の規定を適用する。

---

(3)　公務員の課税の例外ルール

　以下の者は，国内に住所を有するものとみなされる公務員から除かれ

164

第3章　アウトバウンドの人的交流

ています。

① 日本の国籍を有しない者

② 日本の国籍を有する者で，現に国外に居住し，かつ，その地に永住すると認められるもの

(4)　納税地

　納税地については，公務員が国内に住所を有しない期間について国内に住所を有するとみなす規定は適用されません（所3①カッコ書）。したがって，国外勤務中の納税地については，公務員以外の者と同様に，以下の規定により決定されます（所15四，五）。

四　第1号又は第2号の規定により納税地を定められていた者が国内に住所及び居所を有しないこととなつた場合において，その者がその有しないこととなつた時に前号に規定する事業に係る事務所，事業所その他これらに準ずるものを有せず，かつ，その納税地とされていた場所にその者の親族その他その者と特殊の関係を有する者として政令で定める者が引き続き，又はその者に代わつて居住しているとき。　その納税地とされていた場所

五　前各号に掲げる場合を除き，第161条第1項第7号（国内源泉所得）に掲げる対価（船舶又は航空機の貸付けによるものを除く。）を受ける場合　当該対価に係る資産の所在地（その資産が2以上ある場合には，主たる資産の所在地）

　上記規定の適用により，公務員Tの海外勤務中の納税地は以下のとおりとなります。

　① 海外勤務中留守宅がある場合は，上記4号により留守宅の所在地

　② 家族も海外に帯同する等，留守宅がない場合は，5号により不動産所在地

165

V　年金生活者のロングステイで生じる税

76 日本の退職年金を受領する者が所得税のない国へ移住した場合

【事例】

　会社員Ａ（日本国籍）は，日本に居住し，日本法人Ｂに勤務していましたが，65歳で定年退職した後は，所得税の課税がないアラブ首長国連邦（UAE）に移住する予定です。退職後の所得はＢからの退職年金のみです。Ａの課税関係はどうなりますか。

(1)　結　論

　退職年金については，ほとんどの租税条約が年金受領者の居住地国のみが課税すると規定しています。2024年３月末時点では，所得課税のない国と日本が締結している租税条約も，年金受領者の居住地国のみが課税する扱いとなっています。

(2)　退職年金に係る課税の概要

　退職年金については，租税条約の規定が国内法の規定と異なる点があります。ほとんどの租税条約が年金条項を置いていますが，年金受領者の居住地国だけが課税できる取扱いとなっています。

　ところが最近は，源泉地国（年金が生じる国）でも課税するという対日条約が出てきました。2024年３月末時点では，ドイツ，デンマーク，アイスランド，ベルギー，ロシアの５か国です。

　タイ，スウェーデン，カナダ及び南アフリカの４か国との条約には，年金条項がないため，「その他所得」条項が適用されますが，いずれも居住地国課税を原則としながら，源泉地国でも課税できると規定してい

166

第3章　アウトバウンドの人的交流

ます。双方の国で課税される場合は，居住地国での外国税額控除適用の検討を要します。

(3)　UAEへ移住した者の退職年金に係る課税

- **日・アラブ首長国連邦租税条約（以下，「日UAE条約」）**

　日UAE条約は17条において，退職年金その他これに類する報酬に対しては，年金受領者の居住地国のみが課税できると規定しています。

- **租税条約の「一方の締約国において課税を受けるべきもの」とは**

　日UAE条約は，その4条1の前段において，「一方の締約国の居住者とは，（中略）当該一方の締約国において課税を受けるべきものとされる者をいい（以下略）」と規定しています。そして，同条約の議定書の2において，所得に対する租税が免除される者も「一方の締約国の居住者」に含まれる旨が明らかにされています。したがって，Aは，移住後はUAEの居住者となり，退職年金に課税できるのはUAEのみとなりますが，同国は所得に対する課税をしないので，所得税は生じません。

　なお，同条約は，OECDモデル条約タイプの条約ですが，OECDモデル租税条約の4条に係るコメンタリー8.6は，租税条約を締結している国のほとんどが，国内法の規定により免税とされる者であっても，その締約国において租税を課されるべき者に該当し，居住者となると考えているとコメントしています。

- **日本における課税**

　日UAE条約は，4条1の後段において，「一方の締約国の居住者には，一方の締約国内に源泉のある所得のみについて当該一方の締約国において租税を課される者を含まない。」と規定しています。移住後のAは，日本では日本源泉所得のみに課税されるので，国内法のとおり日本居住者には該当しません。よって，日UAE条約17条により，退職年金は日本では課税されません。

167

第 4 章

他国での活動で生じる
税への租税条約等の適用

77 租税条約の種類

(1) 結 論

　租税条約は，国内の税法と異なり，なじみのない分野ですが，国際税務においては税負担の軽減等で重要な役割をします。

(2) 租税条約が必要な場合

　具体的に日米間を例として日本における課税関係を対象とすると，日米間に所得税租税条約が締結されていることを確認することが第一にすることです。所得税租税条約は，個人所得だけではなく法人の所得税も含まれていることから，このような名称となり，これ以外に相続・贈与税租税条約が日米間にはあります。

● 課税関係の適用者

　日米租税条約における日本の課税関係の適用対象者は，米国の居住者・日本非居住者です。日本では居住者という用語は，個人課税の場合に使用しますが，租税条約では，個人の居住者，内国法人等を居住者といいます。この判定は米国の基準で行われ，課税をする日本が決めるわけではありません。また，個人の場合は，国籍は関係なく，米国に住所を有する第三国籍の個人も米国居住者となります。

　米国の居住者が，日本で配当，利子，使用料所得を得る場合の課税ですが，日本の国内法では，非居住者に対する源泉徴収税率は20.42％です。日米租税条約では，株式所有要件50％超の場合，源泉地国である日本で免税，親子間配当（10％の株式所有）の場合5％，その他の配当の場合10％，利子，使用料は原則免税となります。

　このように，租税条約が適用されると，源泉徴収税額が大幅に軽減さ

第4章　他国での活動で生じる税への租税条約等の適用

れることになりますが，この軽減を受けるためには，所定の書類の提出が必要になることを忘れてはなりません。

● **人的役務提供所得の範囲**

　人的役務提供所得の範囲は広く，最も適用関係が多い事例は給与所得の課税です。給与所得の租税条約適用例として，短期国外出張の場合，長期国外出張の場合で課税関係が異なります。給与所得の場合，課税の原則は，人的役務を提供した国で課税関係が生じます。

　では，日本と租税条約がない国から社員が日本に出張して，2か月滞在する場合の課税関係はどうなるでしょうか。

　上記は，租税条約がなかったころの香港，台湾からの社員の出張の場合が該当するケースです。この場合の課税は，日本の国内法の適用ということになり，滞在する日数に対応する給与が日本で課税になります。この場合，非居住者用の申告書を提出することになります。

　また，租税条約の給与所得条項には「短期滞在者免税」の規定があり，この条件に合致する場合は，働いた国において課税関係が生じません。

　その他の事項としては，租税条約に基づく情報交換，相互協議，徴収共助等があります。特に，徴収共助は近年進展した条項です。例えば，日本における納税義務を果たさず，本国へ帰国した個人の場合，その本国と日本の間に相互に税の徴収を助ける国際的な徴収の規定があれば，日本に代わってその本国が税を徴収するということになります。

(3)　租税条約の種類

　日本が締結している租税条約には，上述した所得税租税条約，米国とのみ条約のある相続税・贈与税租税条約，多国間条約である税務行政執行共助条約等があります。それ以外では，OECDモデル租税条約，国際連合モデル租税条約，米国モデル租税条約等がありますが，これらは，租税条約を締結するときの模範となるものです。

171

78 国際間の多国間条約

(1) 結 論
　我が国を含む各国には租税条約以外に多くの条約，協定，国際間の合意等があります。

(2) 条約と協定
　租税条約においても，条約とするのが一般的です。国によっては，租税協定という用語を使用している場合もありますが，両者に相違はありません。本項で協定という場合，租税条約以外の租税に関連した国家間の合意という意味で使用します。

(3) 多国間協定の種類
　国家間の協定は，２国間というよりは多国間で締結したものがほとんどです。以下は，その例です。

GATT（関税及び貿易に関する一般協定），及びWTO（世界貿易機関）	貿易に関連したもので，GATTは1994年にマラケシュ協定により多国間における関税の引下げ交渉を行い，WTOが設立されました。
国際海洋法条約	1982年にジャマイカで採択された，領海，大陸棚等に関する条約です。この条約により，大陸棚の資源開発に係る管轄権等が規定されたことで，開発による利益の帰属が明らかになりました。
気候変動枠組条約	地球温暖化を防止するために，国連が1992年に作成した多国間条約です。この条約により，温室効果ガスの排出量を制限する国際的な合意が行われていますが，排出権取引等で税務との関連が生じています。

第4章　他国での活動で生じる税への租税条約等の適用

外交関係に関するウィーン条約	1961年にウィーンで作成された外交官に関する事項を集めた多国間条約です。日本の場合，所得税法において外国大使館に勤務する外交官等の給与は非課税となりますが，外交官の定義等は，この条約によることになります。
条約法に関するウィーン条約	1969年に署名され，1980年に発行した条約法に関する一般条約です。

(4)　情報交換協定と金融情報自動化交換制度

　情報交換協定は，OECD及びG20等によるタックスヘイブンに対する規制強化の一環として，タックスヘイブンと先進国が税務情報等を交換することを約した協定です。

　タックスヘイブンにある銀行等は，顧客の情報を公開しない守秘義務があることで，税務当局からの情報開示の要請を拒んできましたが，この協定により，先進国からの情報開示の要請を拒むことができなくなりました。日本は，主要なタックスヘイブンとはこの協定を締結しており，タックスヘイブンを悪用する手法が難しくなりました。

　米国は，スイスの銀行職員による脱税ほう助に基因して外国の金融機関に米国人の金融情報を提供することを定め，2010年に「外国口座税務コンプライアンス法」（FATCA）を制定しました。

　FATCAの影響で，また，2014年にOECDは，租税に関する金融情報の自動交換（AEOI）の宣言を採択しました。同年，OECDの租税委員会は金融情報交換における共通報告基準（CRS）を公表しました。

(5)　国際間の税務関連情報交換の整備

　国際間の税務関連情報の交換は，租税条約に基づくものがほとんどでしたが，AEOIにより金融口座の情報交換が行われることで，海外に預金等を隠蔽することが難しくなりました。

173

79 アジア諸国との租税条約

(1) 結 論

　日本から海外に移住して生活する場合，租税の面では租税条約の有無を確認することも必要です。個人としての所得の状況により，租税条約を上手に利用することで節税が可能になります。

(2) 日本と大洋州を含むアジア諸国の間の租税条約

　日本とアジアの主要国とは租税条約が締結されています。現在まで締結されている条約相手国はインド，インドネシア，オーストラリア，韓国，シンガポール，スリランカ，タイ，中国，ニュージーランド，パキスタン，バングラデシュ，フィジー，フィリピン，ブルネイ，ベトナム，香港，マレーシア，台湾です。

　このうち台湾は日台の民間組織が租税取決めを行い，これに従って，両国が国内法を改正したことで，実質的に租税条約を締結したことになりました。

　上記以外では，カンボジア，モンゴル，ミャンマー等が租税条約の締結候補となりましたが，ミャンマーはクーデターの影響があり，将来的に不透明な状態です。

　租税条約の日本の相手国の居住者になると，日本で生じる配当，利子，使用料等（投資所得）の源泉徴収税率が軽減されます。なお，この場合の居住者とは，ビザの永住者ではなく，条約相手国の税法上に定義される居住者のことです。

第4章　他国での活動で生じる税への租税条約等の適用

(3)　情報交換協定及び税務行政執行共助条約

　サモアとマカオは情報交換協定がなされています。税務行政執行共助条約参加国は，クック諸島，ナウル，ニウエ，ニューカレドニア，バヌアツ，マーシャル諸島，モルディブ，モンゴルです。この共助条約には徴収共助の規定があるので，日本で課された税を未納のまま外国に移住すると，その外国が日本に代わって税を徴収する可能性があります。この場合，日本からの要請とその外国がこの要請を受け入れることが条件になります。

(4)　上記の租税条約における目立った動き

　中国は，経済発展をしましたが，租税条約では，投資所得の課税の減免に慎重です。また，租税条約網の拡大に熱心で，アフリカ諸国との租税条約を増やしています。中国の租税条約では，日中租税条約が最も古い条約ですが，租税条約改定の動きはありません。多分に両国の政治的状況が影響しているものと思われます。

　インドネシアは，首都移転等の報道がありますが，日本の企業の進出が著しい国です。国際税務の領域では，同国では移転価格税制等の整備が進んでいますが，租税条約は長い間改訂のないままです。

　日本が対アジア諸国で締結している租税条約相手国で，タックスヘイブンといわれているのが，香港とシンガポールです。税制上の共通点は，法人税率が低いことと，両国に相続税がないことです。

　しかし，現在の日本の相続税法では，被相続人がシンガポールに移住しても日本に相続人がいるような場合，相続税の課税を免れることはできません。なお，香港とシンガポールはタックスヘイブンといわれる国等と租税条約を締結しています。相続ではなく，元気なうちに資産を倍増させるために，外国と外国の租税条約を利用するタックスプランニングも一考に値するのではないでしょうか。

175

80 欧州諸国との租税条約

(1) 結 論

　欧州諸国には，EUに代表されるように，いくつかの国家連合があります。これらが重層的に存在していることから，選択肢も多く，永住権等に関しても，欧州各国ごとに相違があります。一言でいえば，トリッキーに租税条約の適用を選択できる地域です。

(2) EU加盟国

　欧州諸国の特徴は，EU加盟国（27か国），シェンゲン協定参加国，国の分割統合が混在しているため，これらを区分する必要があります。

　EU非加盟国は，アイスランド，英国，スイス，ノルウェー等です。

　国の分割統合は，東西ドイツの統合，チェコスロバキアのチェコとスロバキアの分割がありました。また旧ユーゴスラビアでは，①スロベニア共和国（1991年6月に独立を宣言），②クロアチア共和国（1991年6月に独立を宣言），③北マケドニア共和国（1992年3月にマケドニア共和国，2019年に北マケドニア共和国に改称），④ボスニア・ヘルツェゴビナ共和国（1992年3月に独立を宣言，その後内戦に突入し，1995年12月和平に調印），⑤セルビア共和国（2003年に「セルビア・モンテネグロ」，2006年モンテネグロ共和国の独立に伴ってセルビア共和国），⑥コソボ共和国（2008年2月17日に独立を宣言），⑦モンテネグロ共和国（2003年，「セルビア・モンテネグロ」，2006年分離独立しモンテネグロ）に分割し，このうち，クロアチアとスロベニアはEUに加盟しています。

176

第4章　他国での活動で生じる税への租税条約等の適用

(3)　シェンゲン協定加盟国

　シェンゲン協定加盟国は，EU加盟29か国のうちの22か国とEFTA（European Free Trade Association）の4か国，アイスランド，リヒテンシュタイン，ノルウェー，スイスです。これらの加盟国間の移動は自由です。また，日本のパスポートを持っている場合，シェンゲン協定加盟国にはビザなしでの入国が可能です。滞在期間は「180日間における最長90日まで」となっています。過去180日間以内に，シェンゲン協定加盟国を訪れていなければ90日間の滞在が可能です。

(4)　日本との租税条約等

　日本は欧州の主要国とは租税条約を締結しています。情報交換協定は，ガーンジー，ジャージー，マン島，リヒテンシュタインと締結しています。ガーンジー，ジャージー，マン島は，いずれもタックスヘイブンですが，英国の王室属領ということで，英国王が，これらの島を所有していた貴族から買い上げたという歴史のあるところです。

　第3章**63**で取り上げたマルタは，EU加盟国で，かつ，タックスヘイブンとともに，シェンゲン協定加盟国でもあります。マルタのゴールデンビザを取得して永住権を取得すれば，欧州諸国の出入国が自由になるとともに，マルタの締結した多くの租税条約を利用することができます。

　マルタと同様に，地中海の島国であるキプロスは，租税条約の締結数は68と多いですが，日本と租税条約の締結はありません。マルタはEU加盟国ですが，シェンゲン協定には加盟していません。

　旧ユーゴスラビアの分割による国のうち，クロアチア，スロベニア，セルビアと日本は租税条約を締結していますが，その他の国とは締結していません。また，EU加盟国のうち，ギリシャとは条約に署名済みですが，未発効です。

177

81 米州諸国との租税条約

(1) 結 論

　米州は，カリブ海に多数のタックスヘイブンが存在し，これらの国々との関係は複雑です。日本が租税条約を締結している主な国をみていきます。

(2) 米国の租税条約

　米国の締結している租税条約数は，経済力に比較して66か国と少ないです。特に，中南米諸国とは隣接しているにもかかわらず，バルバトス，ジャマイカ，メキシコ，トリニダードトバゴ，ベネズエラと少なく，南米の大国であるブラジル，アルゼンチン等とは租税条約がありません（日本はアルゼンチン（署名），ウルグアイ，エクアドル，コロンビア，ジャマイカ，チリ，ブラジル，ペルー，メキシコと締結しています）。

　このような米国の租税条約方針が変則的な理由は明らかではありません。現行の日米租税条約では，一部改正署名日が2013（平成25）年1月24日で，日本側は衆参両院で同年にこの改正を承認しました。しかし，米国側の議会の承認が得られたのは，2019（令和元）年で，この間，改正案はいわゆる「たなざらし」の状態でした。

　この背景には，米国の国内手続が関係しています。米国では，条約の承認は米国上院の承認が必要です。規則では，全体の3分の2の賛成となっていますが，慣行により，100名全員の賛成が必要ということです。しかし，この改正に1名の議員が反対したため，議会手続が停滞しました。日米だけではなく，他の条約も手続ができずに溜まったことから，議会の有力者のあっせんにより，承認を進めることになり，日米租税条

第4章　他国での活動で生じる税への租税条約等の適用

約は改正が発効しました。

　なお，米国はシンガポールと租税条約がありません。その理由は，シ
ンガポールが米国との租税条約で，みなし外国税額控除を規定すること
を強く望んだことから，この控除に反対の米国上院の承認が得られず，
現在に至っています。

(3)　カナダの租税条約

　カナダの租税条約締結数は94です。米国が締結している租税条約のう
ち，最も複雑といわれているのが，対カナダ租税条約です。南米，中南
米の国と12の租税条約を締結しています。米国居住者よりカナダ居住者
のほうが，租税条約網の利用範囲は広いことになります。カナダと日本
の租税条約の経緯は以下のとおりです。

原条約署名	1964年（昭和39年）9月5日
原条約発効	1965年（昭和40年）4月30日
第2次条約署名	1986年（昭和61年）5月7日
第2次条約発効	1987年（昭和62年）11月14日
一部改正署名	1999年（平成11年）2月19日
一部改正発効	2000年（平成12年）12月14日

(4)　ブラジルの租税条約

　ブラジルは南米最大の経済力を有していますが，租税条約締結数は日
本を含む36とその経済力に比して少ないといえます。

(5)　メキシコの租税条約

　メキシコの租税条約数は51です。メキシコは米国及びカナダとの自由
貿易協定（USMCA，その前身の北米自由貿易協定（NAFTA）を再交
渉して締結）があり，2020年7月に発効しています。

179

82 中東アフリカ諸国との租税条約

(1) 結　論

中東地域は，UAEのドバイ等が移住先として注目を集めています。

(2) 中東諸国の租税条約

中東諸国は，産油国であることから，国の歳入の多くを石油関連の税から得ていて，一般的な税負担が軽いことが特徴です。湾岸諸国は，1981年に湾岸協力会議（GCC）を設立し，アラブ首長国連邦（UAE），バーレーン，クウェート，オマーン，カタール，サウジアラビアがこれに加盟しています。イラクとイランは加盟していません。

日本は，タックスヘイブンであるバーレーンと租税条約を締結していませんが，他の国とは租税条約を締結済みです。

このうち，UAEは連邦国家で，経済発展をしているドバイと，石油資源が豊富なアブダビが有名です。

日本が中東諸国と租税条約を締結している趣旨は，これらの国から日本への投資を促進する意味があります。現に，日本の石油会社の株式がこれらの国により大量に買われている事実があります。日本以外でも，いわゆるオイルマネーといわれる資金が先進国に投資され，不動産あるいは株式等が産油国の所有になっています。

(3) UAEのゴールデンビザ

UAEでは，金額で200万ディルハム（約8,600万円）の投資，国内投資ファンドに200万ディルハムの預金，資本金2,000万ディルハム（約8億円）の会社を設立した場合，有効期間10年（起業家の場合は5年）の

180

ゴールデンビザが発給されます。なお，このビザは，医師，科学者，発明家などのある一定条件をクリアした専門家も対象になります。

(4)　アフリカ諸国の租税条約

　南米が十数か国という国の数であるのに対して，アフリカは50を超える国の数があります。アフリカには地下資源が豊富で豊かな国と，内戦等で疲弊している国等があり，国ごとに経済格差があります。

　日本は，アルジェリア（署名），エジプト，ザンビア，南アフリカ，モロッコと租税条約を締結しています。

　アフリカ諸国と租税条約を最も多く締結しているのは英国で，最近は，中国が租税条約締結に力を入れています。

(5)　ナイジェリアのビザ

　ナイジェリアと日本は，租税条約の締結はありません。同国の人口は，世界第7位，国民所得は南アフリカを抜いてアフリカで第1位になりました。石油等の天然資源もあり，今後の動向が注目されています。

　短期旅行ビザは3か月有効ですが，一時滞在ビザは最長2年間有効です。ナイジェリアでの就職を計画している外国人は，一時滞在ビザを取得する必要があります。

　ただし，このビザだけでは，所有者にナイジェリアで働く法的権利は与えられません。ナイジェリアで働くためには，ナイジェリアでの居住と就労を組み合わせた許可である，外国人居住許可と外国人カードの組み合わせ，又は労働許可証（CERPAC）も取得する必要があります。

181

83 旧ソ連各国との租税条約

(1) 結 論

　2017年から中国が推進している一帯一路計画により，旧ソ連の国々は中国との租税条約を締結しています。さらに，中央アジア地域の国へは，韓国も投資を行っています。

(2) 旧ソ連の崩壊とその後の展開

　1991年12月に旧ソ連が崩壊して15の国に分かれました。地域別に分けると次のとおりです。

中央アジア地域 （5か国）	ウズベキスタン，カザフスタン，キルギス，タジキスタン，トルクメニスタン
南コーカサス地域 （3か国）	アゼルバイジャン，アルメニア，ジョージア
東欧地域（3か国）	ウクライナ，ベラルーシ，モルドバ
バルト三国（3か国）	エストニア，ラトビア，リトアニア

　旧ソ連崩壊時にバルト三国を除く上記11か国とロシアを含めた12か国が独立国家共同体（CIS）を結成しました。日本は，旧ソ連と租税条約を締結していましたので，この時点でCIS参加国と日ソ租税条約が継続して適用になりました。

　その後，カザフスタンは2008年12月，ロシアは2017年7月，ウズベキスタンは2019年12月，ジョージアは2021年3月にそれぞれ日本との租税条約に署名しています。バルト三国は，これらとは別に日本と租税条約を締結しています。

　なお，2022年2月に，ロシアはウクライナに侵攻しました。

182

第 4 章　他国での活動で生じる税への租税条約等の適用

(3)　ロシアとキプロスの関係

　キプロスは，英国領から独立した国で，現在EUに加盟しているタックスヘイブンです。キプロスの税制は，国外所得は法人税課税なし，それ以外の場合は純利益の12.5％が法人税として課されます。配当は全て非課税です。

　ロシアに直接投資をしている国（投資金額順，2019年）は，①キプロス，②オランダ，③英国，④アイルランド，⑤香港，⑥フランス，⑦カタール，⑧バハマ，⑨バミューダ，⑩オーストリア，です。この国の序列を見ると，その多くがタックスヘイブンであることがわかります。

　2013年にユーロ圏は財政危機にあるキプロスへの100億ユーロ（当時換算 1 兆円超）金融支援と引換えに「銀行預金への課税」を求めました。この課税は，キプロス国内の10万ユーロ超の預金に預金額の9.9％，それ以下の預金に6.7％の課徴金を徴収する内容で，この課徴金が即時実施されるということで，預金者が銀行やATMに殺到して取り付け騒ぎが起こりました。

　その背景には，この金融支援が，ロシアの新興財閥あるいはキプロスからロシアに投資をしている富裕層等を利するだけというドイツ等の判断があり，この課徴金となったのです。

　キプロスでは，2013年 3 月28日に預金封鎖が解除されましたが，預金封鎖後の混乱防止のために，銀行からの預金の引出しが 1 日300ユーロに限定されました。

　また，2020年 9 月にロシアとキプロスは租税条約の改正に署名しています。その改正内容は，改正前に 5 ％あるいは10％であった配当と利子に係る限度税率を15％に引き上げるというもので，その背景には，ロシア側のコロナ対策の財源確保にあったといわれています。

183

84 タックスヘイブンとの情報交換協定

⑴ 結　論
　タックスヘイブン（軽課税国）等は，国際税務においてはこれまで，その活用が検討されてきましたが，OECDによるミニマム課税（15％の最低税率）によりその存亡が危ぶまれています。

⑵ 情報交換協定の現状
　租税条約は，一方がタックスヘイブンである場合には締結しません。租税条約の役割は，国際的二重課税を排除するために，所得の生じた国（源泉地国）の課税を減免することですが，源泉地国がタックスヘイブンであると課税の減免の必要がなく，タックスヘイブンに移住して，先進国に投資することで，先進国の課税の減免と居住地であるタックスヘイブンの軽課税の双方の特典を受けることができるからです。

　さらに，タックスヘイブンが秘密保持をすることで納税者の情報が，先進諸国の税務当局に提供されないことから，OECD及びG20で情報開示の要求をタックスヘイブンにした結果（情報開示しないとペナルティがあるというプレッシャー），情報交換協定が先進諸国と締結されることになりました。

⑶ 日本が締結した情報交換協定
　日本がタックスヘイブンと締結している情報交換協定は次のとおりです。なお，この情報交換協定には２つの型があります。これについては，後述します。

第4章　他国での活動で生じる税への租税条約等の適用

バミューダ租税協定	2010年8月発効
バハマ情報交換協定署名	2011年8月発効
ケイマン諸島租税協定署名	2011年11月発効
マン島情報交換協定	2011年9月発効
ジャージー租税協定	2013年8月発効
ガーンジー租税協定署名	2013年7月発効
リヒテンシュタイン情報交換協定署名	2012年12月発効
サモア独立国情報交換協定署名	2013年7月発効
マカオ租税情報交換協定署名	2014年5月発効
英領バージン諸島租税情報交換協定署名	2014年10月発効
パナマ情報交換協定	2017年2月発効

(4)　税務情報交換のネットワーク

　対タックスヘイブンの場合は，一般の租税条約に規定のある情報交換が適用できませんが，上記(3)にある情報交換協定の適用が可能です。

　上記以外に2014年にOECDは，租税に関する金融情報の自動交換（AEOI）の宣言を採択しました。また，同年，OECDの租税委員会は金融情報交換における共通報告基準（CRS）を公表しました。AEOIは，多くのタックスヘイブンも参加していることから，この点における情報交換も可能になっています。

　上記以外に，2016年の「パナマ文書」，2017年の「パラダイス文書」，2021年10月4日に「パンドラ文書（Pandora Papers）」が報道されました。これらは，世界各地のタックスヘイブンにダミー企業を設立する業務を代行する会社等の内部文書で，国際調査報道ジャーナリスト連合（ICIJ）が入手したものです。この種の情報は，情報流出に問題があるにせよ，タックスヘイブンの不正な利用法を明らかにするものとなりました。

85 BEPS防止措置実施条約

(1) 結　論

　この多国間条約以降，OECDは，2024年以降，デジタル課税の分野でも多国間条約を新たに定める予定です。企業活動にとってはこの動向が気になります。

(2) BEPS防止措置実施条約の創設

　BEPS（Base Erosion and Profit Shifting）という用語は，「税源浸食と利益移転」という意味で，多国籍業による租税回避を防止するためにOECDが2012年後から始めた活動です。

　2013年7月に，OECDは，「BEPS行動計画」（Action Plan on Base Erosion and Profit Shifting）を公表しました。この行動計画15項目のうちの項目15に「多国間協定の開発」があります。これを具現化するものが標題のBEPS防止措置実施条約（BEPS条約）になります。

　BEPS条約の狙いは，多国間租税条約で，多くの国が締結している租税条約を個別に改正すると時間を要するところ，二国間がBEPS条約に参加することで，従来の租税条約の一部をBEPS条約に置き換えることで，租税回避防止規定を強化することです。

　これまでの動向は以下のとおりです。

2017年6月7日	パリで署名式が行われ，日本を含む67か国・地域が署名しました。
2018年5月18日	第196回国会（平成30年通常国会）でBEPS条約が承認されました。

186

第4章　他国での活動で生じる税への租税条約等の適用

2023年9月現在	99か国・地域が署名して，うち83か国・地域が批准書等を寄託しました。日本が本条約の適用対象として選択している租税条約の相手国・地域は43か国等です。したがって，日本の租税条約締約国の全てが適用対象にはなっていません。

(3)　BEPS条約の影響

　BEPS条約は，地球温暖化防止の気候変動枠組条約と同様に，多国間条約です。国により，政策的に適用対象国を絞っている場合もあります。

　例えば，ドイツは，租税条約締約数99か国と世界有数の数ですが，BEPS条約の適用対象国は，極端に少ないのが特徴です。

　逆に途上国は，適用対象国を租税条約締約国全てとしている国もあります。

　ドイツがなぜこのような政策を実施したのかということですが，BEPS条約は租税条約と異なり，配当，利子，使用料等の軽減税率の規定がありません。BEPS条約の役割はあくまで租税回避防止のための租税条約の規定強化というものです。

　仮に，ドイツが適用対象国とした国（X国）が，ドイツを適用対象国として，選択できる条項に関しても合意したとします。そしてドイツの企業がX国に投資を行い，所得を得たとすると，ドイツ・X国の租税条約では，X国所得は課税になりませんが，BEPS条約により租税条約が補強され，X国で課税関係が生じることもあります。

　BEPS条約は，企業活動に関連した条項が多いことから，個人の課税に関連した部分は少ないといえます。

　日本の場合，適用対象に選択した国にフィジーが含まれています。フィジーは，英国から独立した太平洋にある国ですが，旧日英租税条約が適用範囲を拡大した時に含まれた国で，なぜ，この国が適用対象になるのか納得のいく理由は見当たりません。

187

86 租税条約が締結されていない場合の課税関係

(1) 結　論

　日本との租税条約がない国等の場合は，その国の国内法が適用になります。

(2) 台湾の場合

　台湾との関係は昭和47（1972）年の日中共同声明により，外交が断絶したために，その後，非政府間の実務関係として維持されています。

　日台間の貿易については，台湾にとって日本は輸入相手国として第2位であり，輸出相手国としては第4位です。このような経済的な側面及び過去の政治的状況等を踏まえて，平成27（2015）年11月に日本と台湾の間で，実質的な租税条約に該当する「日本・台湾民間租税取決め」が締結され，日本は平成28年度税制改正により，国内法の「外国居住者等の所得に対する相互主義による所得税等の非課税等に関する法律」が整備されました。

　その結果，台湾からの配当，利子，使用料の課税は上記の取決め適用の結果，配当が10％，利子が10％，使用料10％と台湾の国内法よりも軽減されています。なお，中国とは，2015年8月25日に租税条約の署名をしていますが，現在，未発効です。

　台湾のある半導体企業は，熊本県に工場を建設し，米国にも進出していますが，この動向は，中国の圧力による台湾リスクを回避するためともいわれています。なお，台湾と米国の間は，日台のような租税条約はありません。

第4章　他国での活動で生じる税への租税条約等の適用

(3)　香港の場合

　香港はタックヘイブンですが，日本は租税条約を締結しています。香港では，配当と利子に源泉徴収の課税はありません。日本・香港租税条約における配当，利子，使用料の限度税率は，一般配当が10％，親子間配当が5％，利子が10％，使用料が5％です。通常であれば，国内法の税率が，租税条約の限度税率を上回ることから，租税条約が適用となって，税負担の軽減となりますが，対香港租税条約の場合は，状況が逆になります。

　この場合，香港居住者にとっては，租税条約により日本の税負担が軽減されることになりますので，租税条約の恩典が享受されますが，日本の居住者にとっては，租税条約ではなく，香港国内法の適用のほうが，税負担が軽いというパラドックスが生じます。

(4)　租税条約のない国における税務

　日本の租税条約網は，アフリカ等では，手薄な感じがありますが，アジア，欧州では，主要国は租税条約がカバーしています。

　租税条約がない場合は，その国の国内法に従うことになりますが，現在は，ネットに多くの税務情報がありますので，丹念に調べれば，おおよその検討はつくようになっています。

　問題は，租税条約がある場合に，自動的に租税条約が適用になるのではなく，手続が必要な場合があるということです。国によっては，納税者番号の取得等の面倒な手続を要します。

189

第 5 章

国際相続と税

87 相続税のある国とない国

(1) 結 論

　所得税，法人税とは異なり，世界各国の約半分の国に相続税はありません。このことが，相続税の租税回避の一因となっています。

(2) 相続税のない国等

　超富裕層及び富裕層のランキングにある国等において，相続税のない国は，中国，カナダ（所得税で課税），香港，インド，豪州です。相続税のない国とタックスヘイブンを比較すると，タックスヘイブンの一般的な特徴は，人口が少なく，観光立国等の他の財政収入があることです。

　それと比較して，上記の相続税のない国は，経済規模も大きく，人口も多いことから，政治的・経済的理由等で立法ができなかった場合に該当するものと思われます。なお，香港が相続税を廃止した理由は，国外からの移住を促進するためのものでした。

　近年相続税制を廃止した国としては，マカオ（2001年廃止），スロバキア（2004年廃止），スウェーデン（2005年廃止），ポルトガル（2004年廃止），香港（2006年廃止），シンガポール（2008年2月15日以降廃止），オーストリア（2008年8月1日以降廃止）等があります。

　相続税がない国等の背景には，その国に富裕層が少なく税収が期待できないかあるいは相続税を設けないことにより富裕層の流入を期待する政策なのかということが推察できます。

　他方，相続税に関して各国の税制が「まだら模様」であることから，国際相続及び租税回避という観点から，エステートプランニング（Estate planning）に相続税のない国が利用される可能性を残している

第 5 章　国際相続と税

ことになっています。

(3)　アジア大洋州の相続税

相続税のある国	日本，韓国，台湾，フィリピン，タイ，ベトナム（所得課税で代替）
相続税のない国	インド，インドネシア，オーストラリア，カンボジア，中国，シンガポール，ニュージーランド，パキスタン，香港，マレーシア，モンゴル，ラオス

(4)　米州の相続税

相続税のある国	米国，アルゼンチン，エクアドル，エルサルバドル，カナダ（所得課税で代替），グアテマラ，ジャマイカ（所得課税で代替），ブラジル，ベネズエラ
相続税のない国	ウルグアイ，コスタリカ，ペルー，ホンジュラス，メキシコ

(5)　欧州の相続税

相続税のある国	アイルランド，イタリア，英国，オランダ，北マケドニア，ギリシャ，クロアチア，スイス，スペイン，スロベニア，デンマーク，ドイツ，ハンガリー，フィンランド，フランス，ブルガリア，ベルギー，ポーランド，モナコ，モンテネグロ，リトアニア，ルクセンブルク
相続税のない国	エストニア，オーストリア，キプロス，キルギス，ジブラルタル，スウェーデン，スロバキア（2004年に廃止），チェコ，ノルウェー，ポルトガル，マルタ，ラトビア，リヒテンシュタイン，ルーマニア，ロシア

193

88 相続税の種類

(1) 結　論

　世界的には取得課税方式が多数派ですが，英米を中心に遺産課税方式を採用している国もあり，国際的二重課税の原因となっています。

(2) 遺産課税方式と取得課税方式

　相続税の課税方式は，遺産課税方式と取得課税方式に大別されます。日本は，取得課税方式の体系をとりながら両者の折衷方式である法定相続分課税方式を採用しています。

遺産課税方式	被相続人の遺産に課税する方式であり，米国，英国等で採用されています。この方式は，遺産に課税することから，遺産分割の影響がなく，税務当局の管理上の負担が少ないことが特徴です。
取得課税方式	相続人が取得した財産に課税する方式であり，独，仏等で採用されています。この方式は，富の分散化を促進するという利点のある反面，相続人の遺産分割の確認を要する等，税務当局の負担が増加するという問題点があります。

　日本は，取得課税方式に近い法定相続分課税方式を採用しています。この方式は，相続人が法定相続分で遺産を得たとして相続税の総額を計算して，その総額を実際の分割割合に応じて負担する方式です。

(3) 包括承継主義と管理清算主義

　包括承継主義は，被相続人の財産も負債も包括的に相続人に承継されるもので，日本，独，伊，仏，スイス等で採用されています。

第 5 章　国際相続と税

　管理清算主義は，被相続人の債権債務を清算し，残った財産を相続人が取得するもので，米国，英国等で採用されています。

(4)　相続統一主義と相続分割主義

　相続統一主義は，相続財産の種類を区別しないもので，主に大陸法系の諸国で採用されています。相続分割主義は，不動産（不動産の所在地法を適用）と動産（被相続人の本国法又は住所地法を適用）で適用される準拠法が別になり，英米法系諸国，仏，ベルギーで採用されています。前者は人の側面を重視し，後者は物の側面を重視したものです。

(5)　本国法主義と住所地法主義

　本国法主義は，被相続人の国籍のある法律が基準となるもので，日本，独，伊，韓国等が採用しています。住所地法主義は，被相続人の住所地の法律が基準となるもので，チリ・アルゼンチン・デンマーク等が採用しています。

(6)　日本の相続税

　一時，相続税の課税方式を取得課税方式に改めることが検討され，平成20（2018）年度税制改正大綱では，事業承継税制の見直しにあわせて，「相続税の課税方式をいわゆる遺産取得課税方式に改めることを検討する」と明記されました。

　しかし，現行の制度が定着している中で課税の公平性や相続のあり方についてさらに議論が必要であるとの考えから，翌年には見送られることになりました。

195

89 米国の相続税

(1) 結　論
　米国の遺産税は，一時廃止かという議論もありましたが，継続して現在に至っています。控除額の大きさがその特徴です。

(2) 米国遺産税の概要
　米国の遺産税は，死亡時に移転する全ての財産（被相続人の遺産）を対象にした税であり，日本の相続税と課税方式が異なっています。また，贈与税は，生存期間中に移転した全ての財産を対象にした税であり，贈与者課税です。すなわち，遺産を贈与することで租税回避を図ることのないように，遺産課税と贈与者課税の組み合わせとなっています。また，世代を飛び越して（例えば，祖父から孫へ）財産が移転することで課税を逃れるケースを防止するために課される税である世代飛越税（GST）が採用されています。
　遺産税の計算は，次の順序で行われます。
① 　被相続人の死亡時に，その財産を時価により評価しますが，この場合，選択として，死亡後6か月後を評価の基準日とすることもできます。
② 　債務の控除，寄附金控除，配偶者控除等を差し引いて課税遺産額を算定します。
③ 　1976年後の贈与税を課された財産を課税遺産額に加算します。
④ 　③の金額に統合税率（unified tax rate）を乗じて算出税額を計算します。
⑤ 　1976年後に納付した贈与税額，州税，外国相続税，統合税額控除等の税額を控除して納付税額を算定します。

196

申告の期限は，被相続人が米国市民，米国居住者である場合，遺産税等申告書（Form 706）を死亡後9か月以内に申告します。なお，申告期限の6か月延長を申請する場合は，Form4768を提出することになります。

遺産税等申告書は，遺言のある場合には遺言執行人（executor），遺言のない場合には，管財人（administrator）あるいは遺産の所有者が作成して提出することになります。米国の遺産に係る処理の特徴は，日本と異なり，司法（検認裁判所）が遺産の処理に関わることで，遺言執行人等は裁判所がこれを選任します。

米国の遺産税・贈与税における特徴のうちの1つに，配偶者控除（marital deduction）と寄付金控除（charitable deduction）があります。米国の遺産税・贈与税では，夫婦間の贈与に金額制限がなく贈与者の配偶者が贈与時点において米国市民であることが配偶者控除適用の要件です。

(3)　米国遺産税の現状

遺産税廃止を大統領選挙の公約としたのは，ブッシュ大統領（任期：2001年～2009年）です。同大統領は，遺産税を縮小して2010年に遺産税課税を停止する法案を成立させました。

しかし，2010年にオバマ大統領が，遺産税継続の法案を成立させたことで，2010年の課税停止になりませんでした。

米国の遺産税は，2012年米国納税者救済法により，基礎控除500万ドル，最高税率40％で推移しましたが，当時のトランプ大統領による2017年の税制改革法により，2018年1月以降は，2025年までの時限措置として，基礎控除額が2倍の1,000万ドルに拡大され，さらに毎年インフレ調整されて，2019年は1,140万ドル，2020年は1,158万ドル，2021年は1,170万ドル，2022年は1,206万ドルとなっています。

90 韓国の相続税

【事例】

　韓国籍で日本に40年以上居住している被相続人Ａは，日本居住者の子で相続人ＢとＣがいます。ＢとＣは，Ａの日本にある財産だけを相続するつもりでしたが，親戚からの通知で，韓国にＡが親から相続した不動産があることを知らされました。遺産分割は，ＢとＣがそれぞれ２分の１ずつです。この場合，相続税の申告に韓国の財産はどのように影響しますか。
----

(1) 結　論

　日本側の課税関係では，当該相続人は，居住無制限納税義務者となることから，日韓双方の相続財産が課税となり，韓国側の課税関係では，遺産課税方式のため，被相続人が制限納税義務者となり，韓国所在の財産が課税となります。

　国際相続の分野で事例の多い，日韓双方にまたがる相続税の問題です。

(2) 韓国の課税方式

　韓国の相続税は，独特の遺産課税方式を採用しています。その方式は，遺産に課された相続税の総額を，遺産を取得した相続人等がその取得割合に応じて納税義務を負う形となっています。これは，米国とも日本とも異なる韓国独自の方式です。被相続人が住所あるいは常用の住居を１年を超えて韓国国内に有している場合，韓国の国内及び国外の財産が課税となります。

第5章　国際相続と税

⑶　申告期限と賦課課税方式

　申告期限は，相続開始の日から6か月で，遺言執行人又は相続財産管理人の場合は，選任後から起算します。なお，被相続人又は相続人が外国に住所を有する場合は9か月です。

　申告は，申告納税制度ではなく，上記の期限までに相続人のうちの1人が「相続税課税標準申告」を提出し，税務署長がこの申告に基づいて課税標準及び税額を決定する賦課課税方式が採用されています。なお，税務署長における法定決定期限は申告後6か月です。

⑷　被相続人及び相続人の双方が日本居住者で，相続財産が日韓両国に所在する場合

　事例の場合，被相続人及び相続人が日本居住者であることから，韓国の税務当局に「相続税課税標準申告」を提出する期限の最長が9か月，税務署長の決定期限が最長6か月ということで，日本の相続税の申告期限に韓国の相続税額の数字が間に合わないおそれがあります。

　日本の相続税の適用では，被相続人A及び子のBとCはいずれも日本に住んでいるということで，相続人であるBとCはいずれも居住無制限納税義務者です。結果として，日韓双方にある財産全てが日本において課税となりますが，韓国所在の財産については，韓国で納税が生じた場合，日本において外国税額控除の適用可否が生じますが，日本の申告時に韓国の税額確定が間に合うのかが問題となります。

91 台湾の相続税

┌─ 【事例】 ─────────────────────────────────┐

　台湾から日本に来て長年日本で台湾料理の店を経営していたAとその配偶者Bは，老齢を理由に，店を子（男）と子（女）に任せて，5年前に台湾に帰り，その後Aは亡くなりました。日本の店と預金等は，2人の子で均等に相続することになり，台湾にある住宅と預金は，配偶者のBが相続することになりました。相続に関連するAとB，2人の子は，いずれも中華民国籍です。この場合，相続税の取扱いについて教えてください。

└───────────────────────────────────────┘

(1)　結　論

　台湾と日本は歴史的な経緯もあり，人的交流が盛んです。台湾は相続税法を頻繁に改正しています。相続に際して，適用となる相続税法の規定をチェックすることが必要です。

(2)　台湾の相続税の変遷と概要

　台湾の相続税制は1973年に創設されたもので，相続税とその補完税である贈与税から構成されています。相続税は遺産課税方式であり，2009年改正まで10段階の税率で最高税率は50％でした。2009年の税制改正により，相続税及び贈与税の税率を10％の単一税率にし，相続税及び贈与税に係る各種控除の金額を引き上げましたが，2017年に税率の改正があり，10％～20％となっています。

　台湾の相続税法の特徴をまとめると次のとおりです。

第5章　国際相続と税

遺産課税方式	遺産税の納税義務者は，遺言執行人で，遺言執行人がいないときは相続人又は遺贈を受けた者であり，それ以外の場合は法により選任された遺産管理人が行うことになります。
贈与税	遺産税の補完税であり贈与者課税となっています。
遺産税の基礎控除額	1,333万TWD（約6,200万円）であり，被相続人が台湾国民である場合等に該当すると控除額は倍になります。

(3)　納税義務者

遺産税の納税義務者は次のとおりです。

遺言執行人があるとき	その遺言執行人
遺言執行人がいないとき	相続人又は遺贈を受けた者
遺言執行人及び相続人がいないとき	法により選任された遺産管理人

遺産管理人の選任は，相続開始の日から6月以内に選任して裁判所に申告しなければなりません。

遺産税・贈与税の税額は，遺産総額から各種の控除額，免税額等を控除した後の課税遺産純額に税率（10%～20%）を乗じて計算します。

(4)　日本の相続税と本事例への適用

Aは台湾において国内及び国外の全ての財産に関して遺産課税を受けます。日本の相続税では，事例にある日本居住者である2人の子は，外国籍でも日本国内に住所があることから，居住無制限納税義務者となり，国内及び国外に所在する相続財産が課税対象となります。

被相続人Aは10年以内に国内に住所があり，配偶者Bも日本国籍ではなく，国内に住所がありませんから非居住無制限納税義務者に該当するものと思われます。Bが台湾で納付した税額は，日本で外国税額控除となります。

201

92 カナダの相続税

(1) 結 論

　カナダでは相続税に代えて所得課税が課されます。カナダで相続により生じた所得税は日本の相続税法上外国税額控除の対象になりません。

　カナダは相続財産について，1971年に相続税の課税から所得税の課税に切り替えました。世界には，相続税・贈与税の代用として所得課税を行う国がカナダ以外にも，コロンビア，ジャマイカ，ベトナム等があります。

(2) カナダの相続課税の注目点

　相続に係る課税方法は，被相続人の遺産に課税する遺産課税方式と，遺産を取得する相続人に課税する取得課税方式に大別されますが，それ以外に，相続税による課税ではなく，相続時の財産の移転について，被相続人が相続人に移転した財産の含み益に所得課税をする方式もあります。言い換えれば，相続税の課税ではなく，所得税の課税をするということです。

(3) カナダの相続課税

　特に所得税法上，居住者と非居住者の定義はありませんが，カナダに居住している者は居住者とされ，住居，配偶者及び扶養家族若しくは個人的な資産の場所，経済的な利害等を総合的に勘案して居住者かどうかの判定が行われます。

　暦年で183日以上カナダに滞在する者は居住者とみなされます。1998

第 5 章　国際相続と税

年 2 月24日後については，租税条約において非居住者とされる者は，カナダ税法上も非居住者とみなされることとなりました。年の中途でカナダの居住者となった個人は，居住者期間の全世界所得及び非居住者期間のカナダ源泉所得の合計額が課税されることになります。

(4)　みなし譲渡（Deemed Disposition）による課税

　カナダでは，被相続人の遺産から納税するという形で，納税義務が生じます。確定申告は，遺言のある場合は遺言執行人，ない場合は遺産管財人が申告納税を行うことになります。

　死亡した者の申告期限は， 1 月から10月までの間の死亡の場合は翌年の 4 月30日，11月から12月の間の死亡の場合は死亡日から 6 か月以内です。相続の場合，例えば，死亡した者が子供に株式を残したとします。この場合，死亡した者は，死亡する直前に株式を売却したものとみなされます。遺言執行人は，その株式の売却益を申告することになります。

(5)　カナダの相続課税が所得課税になった理由

　カナダでは，1941年の財政法において，州税である遺産取得税を連邦税として導入しました。

　遺産取得税は1958年に連邦税の遺産税（Estate Tax）に改正され，遺産税は1971年に廃止されました。カナダが遺産税方式に変更した背景には英国よりも隣国の米国の影響があったのではと推測されます。

　1971年に遺産税が廃止され，キャピタルゲイン税に移行するのですが，その背景には，連邦税としての税収の50％あるいは75％等を州税として交付することがあり，州ごとに異なる配分基準となったことから，これらを廃止するために，連邦税として所得税に改正したのです。したがって，カナダの場合は，相続税を所得税に代えることにより税収増を図るという政策的意図はなかったといえるでしょう。

203

93 タイの相続税

【事例】

　被相続人Aは，配偶者Bと30年以上前に日本からタイのバンコクに移住し，日本の機械メーカーの下請で200人程度を雇用する会社を経営していました。相続人は，Bと子供3人（C，D，E）の計4人です。

　長男Cは，バンコク在住でAの会社の役員です。次男Dは，シンガポールの大学を卒業後，シンガポールの会社に就職して当地に居住しています。三男のEは，日本の大学を卒業後，Aの知人の経営している会社に就職して日本で生活しています。Aの財産は，バンコクにある住宅と経営する会社の株式，タイとシンガポールにある銀行の預金，A所有の東京にあるマンションで現在Eが居住しています。

　なお，遺産分割は，Bはタイにあるの預金，CはAの会社の株式及びバンコクの財産全部，シンガポールの銀行預金の半分，Dはシンガポールの銀行預金の半分です。なお，被相続人A，配偶者B，長男Cはタイ国籍，Dはシンガポール国籍，Eは日本国籍です。この場合の相続税がどうなるか教えてください。

---

(1) 結　論

　タイは，日系企業も多く，また，ロングステイしている個人も多く，相続税があるということに注意が必要です。

(2) タイの相続税

　タイは，各国が相続税を廃止するなかで，2016年2月から相続税と贈与税を新たに導入しました。タイの相続税の特徴は，基礎控除額が高く，

第5章　国際相続と税

基本税率も比例税率の10％で，富の再配分あるいは平均化という政策目的よりも，一部の富裕層を対象として税負担を課したという性格が強いものです。

　相続税の納税義務者は，以下のとおりです。①タイ国民，②入国管理法によりタイに永住権を有する外国人，③タイ所在の財産を相続した外国人，④相続人が法人の場合，タイ国内で登記された法人，タイの法律に基づいて設立された法人，相続時にタイ国籍者が資本金の50％超を保有する法人，タイ国籍保有者が経営陣の50％超を占める法人はタイ国籍者とみなされます。⑥上記以外の外国人及び外国法人は，タイ国内に所在する財産が課税対象となります。

⑶　相続人の課税

　事例のBは，タイ国民であることから，相続した預金等に係る相続税の納税義務があります。他国の相続税のように，配偶者控除等はありませんが，税率は通常の10％から軽減されて5％です。Cは，B同様タイ国民であることから，相続により取得したバンコクにある住宅と経営する会社の株式，シンガポールにある銀行の預金が課税対象となります。

　シンガポールは相続税を廃止していることから，Dの相続した預金についての相続税の課税はありません。

　Eは居住無制限納税義務者です。Aの相続財産のうちの課税財産となるものは，BCDが相続した国外財産が相続税の課税対象外となることから，Eの相続した分から基礎控除を控除して，その金額を4等分して税額計算をすることになります。

　すでに相続人の課税については，上述したとおりですが，ただし，タイの相続税は基礎控除額が高く，為替のレートにもよりますが米国の約4分の1（米国は1,200万ドル）程度ではあることから，タイの富裕層の財産に課税する役割は果たせるものと思われます。

205

94 英国の相続税

【事例】

　被相続人Ｂ（英国籍）は，会社経営者Ａ（故人）の配偶者で，ＡＢともに日本国籍でしたが，英国の国籍を主として，Ａの所有していたロンドンの住宅に居住していました。Ａは，生前日本からロンドンに拠点を移して会社を経営していました。Ｂは，Ａの没後，Ａから相続した住宅に長女（英国籍）夫婦と同居していました。長女は，英国の大学卒業後，英国籍の夫と結婚しています。Ｂは英国に30年在住，長女は，英国在住が20年以上です。長女はロンドンの住宅とＢの英国にある預金等を相続することになりました。なお，Ｂは日本に財産はありません。長女の相続税について教えてください。

---

(1)　結　論

　日本から外国籍に帰化して，長期にわたり外国在住の場合，日本に財産がなく，相続人がいなければ，日本において課税関係は生じません。

(2)　英国の相続税の納税義務者

　英国の栢続税は，米国と同様に遺産課税方式が採用されており，日本やドイツのような取得課税方式と異なっています。英国の現行の相続税法の名称は，Inheritance Taxです。

　被相続人が英国にドミサイル（Domiclie：本拠地）を有している場合，英国の居住者と判定されます。英国籍の有無に関係なく，英国内外全ての資産が英国の相続税の課税対象となります。ただし，外国の相続税と

206

二重課税になる場合は，どちらかの国で税額の控除措置があります。

　このドミサイルは，英国ではその個人が恒久的な母国とみなす国でもあり，英国の法律では個人のドミサイルは一国に限定されています。例えば，事例のBの場合，被相続人が死亡する前の30年間において，そのうちの15年間以上，英国居住者であった場合に該当することから，英国国内及び国外の財産が課税対象となります。なお，被相続人が英国にドミサイルを有していない場合には，被相続人の死亡時における，英国内の財産にのみに相続税は適用されます。

(3)　税額計算

　被相続人の財産から一定の債務等を控除した価額の合計が課税財産となります。そこから基礎控除32万5,000ポンド（約6,500万円）を控除した金額が課税財産総額です。基礎控除を超えた資産への適用税率は，一律で40％です。

(4)　日本の相続税

　事例の英国籍で日本国内に住所がない長女は，非居住制限納税義務者で，国内財産のみ課税対象となります。この事例では，長女がロンドンの住宅と被相続人の預金等を相続しています。

　相続税の計算では，相続人である長女が相続した財産については日本の相続税の課税対象外となります。

95 ドイツの相続税

----【事例】----

　被相続人Aは，日本居住者であり，同居する配偶者Bとフランクフルト所在の法人に勤務する長男Cが相続人です。Aは長年ドイツに居住してドイツ法人に勤務していたことから，フランクフルトに住宅1棟とベルギーのブリュッセルにマンションを保有しており，現在，長男C及びその家族がこれらを使用しています。Cのドイツ勤務は5年程度です。

　Aはこれらの在外財産以外に，日本に自宅と預金等を保有しています。BとCは，日本における相続税とともに，国外の不動産の課税がどうなるのか不安な状態です。なお，ABCはともに日本国籍であり，遺産に関して，国内の財産はBが，国外分はCが相続します。この場合の相続税の取扱いについて教えてください。

(1)　結　論

　欧州は多国間において財産が所在する場合があります。事例の場合は，日本と外国2か国の計3か国の課税関係が生じます。

(2)　本事例への適用

　ベルギーは遺産課税方式であることから，被相続人Aがベルギー居住者かどうかということが第1のポイントになります。本事例では，被相続人Aは，ベルギー非居住者であることから，ベルギー所在の不動産に相続税が課されることになります。Aは欧州経済領域以外の国である日本の居住者であることから，不動産に係る債務の控除が認められません。

第5章　国際相続と税

⑶　ドイツにおける相続税の納税義務者

　無制限納税義務者は被相続人（贈与者）又は相続人（受贈者）のいずれかが被相続人の死亡時においてドイツの居住者である場合は，全世界の純財産が相続税の課税対象とされます。一方，制限納税義務者は，被相続人又は相続人のいずれもドイツの居住者でない場合は，ドイツ国内にある財産のみが課税対象となります。事例の配偶者であるBは制限納税義務者，ドイツ在住のCは無制限納税義務者となります。

⑷　基礎控除額と税率

　基礎控除は以下のとおりです。配偶者等は50万ユーロ（約8,500万円），子（代襲相続の場合の孫）は40万ユーロ（約6,800万円），孫は20万ユーロ。

　適用税率は3つに区分されています。

配偶者，直系卑属（相続の場合のみ），直系尊属等（クラスＩ）	7～30%
直系尊属（贈与の場合），兄弟，甥，姪等（クラスⅡ）	15～43%
その他（クラスⅢ）	30～50%

⑸　事例への適用

　Cは，ドイツにおいて無制限納税義務者であることから，ドイツ及びベルギーの不動産についての課税があります。仮に，ベルギーで納税する場合，ドイツとベルギー間には相続税租税条約の締結がないことから，ドイツの相続税法に規定のある外国税額控除が適用となります。

　日本における相続税の課税は，Bが無制限納税義務者，Cが非居住無制限納税者であり，Aからの相続財産に課税となります。この場合，相続税の配偶者控除の適用等を考慮に入れないとすると，Bは，国内の財産だけの相続であることから，国外財産へのドイツ及びベルギーの課税の影響はありません。

209

96 オランダの相続税

```
┌╌╌【事例】╌╌╌╌╌╌╌╌╌╌╌╌╌╌╌╌╌╌╌╌╌╌╌╌╌╌╌╌╌╌╌╌╌╌╌╌┐
```
（**94**の事例に以下の状況を加えます）

　相続人である長男は，日本国籍で，日本に居住しており，日本におい
て欧州市場と取引をする会社を経営しています。長男の母である被相続
人Ｂは，配偶者Ａ（故人）が事業上の必要から所有していたアムステル
ダムのマンションも相続していました。相続人は，長女と長男の２名で
す。財産の分割では，長男がアムステルダムのマンション，長女がロン
ドンの住宅とＢの英国にある預金等を相続することになりました。なお，
Ｂは日本に財産はありません。この場合の相続税の取扱いについて教え
てください。
```
└╌╌╌╌╌╌╌╌╌╌╌╌╌╌╌╌╌╌╌╌╌╌╌╌╌╌╌╌╌╌╌╌╌╌╌╌╌╌╌╌╌╌┘
```

(1) 結　論

　欧州のオランダ，ベルギー，スイス，ルクセンブルク，リヒテンシュ
タインは，国際税務上，注意を必要とする税制（クセのある税制といっ
ても過言ではありません）となっています。

　いずれも国としては小国ですが，タックスプランナーにとっては，利
用したくなる国です。

(2) オランダの相続税の納税義務者

　被相続人あるいは贈与者がオランダ居住者の場合で，相続あるいは贈
与により財産を取得したときは，相続税あるいは贈与税が課税となりま
す。オランダ国民で，同国を離国して10年間外国居住している者は，オ
ランダ居住者とみなされます。外国人でオランダ居住者であった個人は，

210

第5章　国際相続と税

出国した翌年まで贈与税の納税義務が残ります。税務当局は，非居住者の納税義務であっても相続人全員の連帯責任としています。贈与税については，贈与者と受贈者は同等の納付義務を有します。なお，オランダにおける居住者の税法上の判定は，その実態により判断されます。

(3)　オランダの相続税の人的控除額と税率

人的控除は以下のとおりです。配偶者等671,910ユーロ，子弟21,282ユーロ，病気あるいは障害のある子弟63,836ユーロ，両親50,397ユーロ，その他2,244ユーロ。

オランダの相続税の税率は，相続税と贈与税の税率は共通で以下のとおりです。

配偶者等の直系尊属, 卑属（Ⅰ）	10%と20%
Ⅰ以外の相続人（ⅠA）	18%と36%
その他（Ⅱ）	30%と40%

(4)　事例への適用

事例では，日本居住者である長男がアムステルダムのマンションを相続します。オランダの相続税では，マンションの相続価格は時価により評価されます。納付税額があれば，日本における相続税の税額から控除されることになります。

(5)　武富士事件

日本の贈与税の租税回避事案ですが，両親が所有する内国法人の株式をオランダ法人に所有させて，同株式を香港居住の子弟に贈与した事案（武富士事案：最高裁判決平成23年2月18日）で，国側敗訴となりました。

211

97 フランスの相続税

⑴ 結 論

　欧州の相続税では，配偶者に関するジェンダー問題があります。フランスは同性婚を認めています。

⑵ フランスの相続税の概要

　フランスの相続税は取得課税，贈与税は受益者課税で，いずれも国税です。フランスの課税対象者は，被相続人と相続人の双方のステータスにより判定されることになります。

　納税義務の判定要素は，被相続人（贈与者）の居住形態，資産の所在地，受益者（相続人，受贈者）です。居住形態は，所得税法４Ｂに規定があり，租税条約がこれらの規定に優先します。

　課税所得の範囲は以下のとおりです。

　被相続人あるいは贈与者がフランスに住所（domicile）を有している場合，財産の所在地にかかわらず，全ての財産が課税対象となります。

　被相続人あるいは贈与者がフランス国外に住所を有している場合で，相続人が相続時にフランス国内に住所を有し，過去10年間のうち６年間フランスに住所がある場合，全ての財産が課税対象となります。それ以外では，フランスに所在する財産のみが課税対象となります。

　相続税と贈与税の関連は，15年間の累積贈与額と相続財産の額に対して相続税を一体的に課税する方式が採用されています。

⑶ 控除等

　相続人である配偶者あるいは同性婚の相手は免税となります。両親及

212

第5章　国際相続と税

び子供の控除額は10万ユーロです。税率は5％～45％で，兄弟が相続する場合，免税となる場合を除いて，税率は35％と45％です。フランスでは，同性婚の相手も税法上，配偶者と同等の権利を有しています。

(4)　申　告

受益者，相続人，遺産受取人は，課税にならない場合であっても，申告書に署名をする義務があります。申告書は，全ての相続人に代わり，1人の相続人が作成し，財産の内訳書類を添付します。申告は相続開始後6か月以内で，被相続人が海外で死亡した場合は1年です。

(5)　裁決事例

フランスで課税された相続財産のうち，フランス以外の国に所在する財産がある場合の裁決事例があります（平20.4.17，裁決事例集No.75 566頁）。本件においては，本件相続財産のすべてがフランス相続税の課税の対象となっているところ，税額控除規定の解釈からすると，日本の相続税額の計算上，フランスで課された相続税額の全てが税額控除の対象とされるものではなく，フランスで課された相続税額のうちフランス国所在財産に対応する部分についてのみ，税額控除の対象とされるものと解するのが相当とされました。

日本とフランスとの間には，二重課税を回避するための相続税に関する租税条約はありません。したがって，フランスで課された相続税額のうちフランス所在財産に対応する部分を超える部分の税額については，相続に係る相続税額の計算上，税額控除の対象とすることはできないというのが結論です。

213

98 富裕層囲い込みの調書制度

(1) 結 論

　現在，日本は以下の調書制度，金融口座情報交換制度等のネットワークにより富裕層の資産状況が税務当局に把握される仕組みになっています。

(2) 調書制度の整備

　世界各国の相続税制等をみると，相続税を廃止して国外からの富裕層の受入れを歓迎する国と，日本のように，世界有数の富裕層を有しながら，高い相続税率，各種の調書制度等により税務当局への報告，金融情報交換制度による情報交換等を整備している国もあります。

(3) 国外送金等調書

　平成9（1997）年に成立した「内国税の適正な課税の確保を図るための国外送金等に係る調書の提出等に関する法律」（以下「国外送金等調書法」）において，国外送金等調書が創設され，その後に国外証券移管等調書，国外財産調書及び財産債務調書が整備されています。

　国外送金等調書は平成10（1998）年4月1日施行，平成21（2009）年4月よりその適用対象金額が200万円超から100万円超に引き下げられました。根拠法は，国外送金等調書法3条及び4条です。対象者は，国外への送金又は国外から送金を受領する者です。

　この国外送金等調書が導入された背景には，平成9（1997）年に外国為替及び外国貿易管理法（外為法）の改正により，外国為替取引の自由化が行われ，国内の資産等が国外に流出する事態が想定されたことがあ

ります。このような事態に租税の面から対処するために，国外送金等調書法が制定されたのです。

この制度は，国境を越えた海外との送金額・受領額が100万円超の場合，金融機関から税務署に当事者の氏名，取引金額及び取引年月日を記入した調書を提出されることになっています。

(4) 国外財産調書

この制度は，平成24（2012）年改正で導入され，平成26（2014）年1月1日より施行されたもので，国外に5,000万円を超える国外財産を保有する居住者は，この調書を提出することが義務づけられています。

(5) 国外証券移管等調書

この制度は，平成26（2014）年改正で導入され，平成27（2015）年1月1日より施行されたもので，金融商品取引業者等が顧客の依頼に基づいて行う国内証券口座と国外証券口座間の有価証券の移管について適用されています。

(6) 財産債務調書

この制度は，平成27（2015）年改正で創設され，その年分の総所得金額及び山林所得金額の合計額が2,000万円を超え，かつ，その年の12月31日においてその価額の合計額が3億円以上の財産又は1億円以上の国外転出特例対象財産を有する者は，この調書の提出が必要となります。令和4年（2022）年度の改正により，提出義務者として，居住者で12月31日現在財産価額の合計額に10億円以上（所得要件なし）が加えられ，同時に，この調書の提出期限が翌年の6月30日まで提出することになりました。

215

99 富裕層の海外移住による租税回避防止対策

(1) 結　論

　各国の税務当局が工夫をしても「パナマ文書」等で暴露されたような租税回避事例はなくなる気配がありません。国際協力によりこの分野がどのような進展をみるのかが注目されます。

(2) 税務情報ネットワークの整備

　98で解説した調書制度，情報交換制度は国外に資産を隠蔽する試みに対抗するものです。

(3) 相続税の平成29年度改正

　平成29年度の相続税の税制改正で，これまで国外に移住等の手段により租税回避を図ることを防止するために，国外財産が相続税の課税対象外とされる要件として，被相続人等及び相続人等が相続開始前いずれの時においても国内に住所を有したことがない年数が，5年から10年に変更されました。また，国外居住・外国籍の相続人が，相続開始前10年（改正前5年）以内に国内に住所を有したことがある国外居住者の財産を相続した場合，改正前は国内財産のみが相続税の課税対象とされていましたが，国外財産も相続税の課税対象となりました。

　この改正により，改正前の法律に基づいてタックスプランニングをしていた者にとって，5年間の延長という事態になりました。

(4) 出入国の際の現金等の制限

　外為法及び関税法に規定のある出入国における現金等の携帯の金額制

第5章　国際相続と税

限は，以下のとおりです。

①　現金等の合計額が100万円相当額を超える場合

②　金の地金（純度90％以上）の重量が1kgを超える場合

その制限を超える場合は，出国あるいは入国時に「支払手段等の携帯輸出・輸入申告書」の税関への提出が必要となります。

上記の申告を怠りあるいは虚偽の申告をした場合，外為法と関税法の違反となり，5年以下の懲役若しくは500万円以下の罰金となります。

上記の措置は，100万円を超える金額の輸出入を禁止するものではなく，不正な資金等の輸出入を監視するためのものです。申告書を提出せずにハンドキャリーで100万円超の金額を外国に持ち出して預金する事例がありますが，これは上記の法令に違反した行為ということになります。

(5)　金投資の方法

資産を現物資産である金に代えて保有するという方法があります。

・　純金積立て

純金積立てには，毎月積み立てる一定金額を決めて金を購入する定額積立てと，数量を決めて購入する定量積立てがあります。金の価格が高騰すれば利益が出る仕組みです。

・　金投資信託・金ETF（Exchange Trade Funds：上場投資信託）

金投資信託は，投資のプロに管理運用を任せることができます。ETFとは，特定の指数，例えば日経平均株価や東証株価指数（TOPIX）等の動きに連動する運用成果を目指し，東京証券取引所などの金融商品取引所に上場している投資信託です。その方法は，金の現物の引出しはできません。

217

100 相続税租税条約の適用

(1) 結 論

日本は，相続税における国際的二重課税の排除のための相続税租税条約の整備が遅れています。

(2) 相続税租税条約の意義

富裕層の税務が注目されていますが，相続税に関しては，被相続人の財産が国外に所在する場合，相続関係者の居住国が異なる場合等，いわゆる国際相続の問題が生じます。国際相続は，所得税ほど国際税務のルールの共通性が乏しいのが現状です。

その背景として，所得税が，タックスヘイブンを除き，その課税方法等に差異があるにせよ，ほぼ同様の原則に基づき，各国における基幹税として普及しているのに対して，相続税は世界の約半分の国にありません。このことは，税制の空白を利用したエステートプランニングの可能性を高めているともいえます。

富裕層及びこれらに助言等をするコンサルタントの目的は，上記のような各国の相続税制がいわゆる「モザイク模様」であることを利用して税負担の軽減を図ることであり，税務当局としては，納税者間の公平性を保つために行きすぎたエステートプランニングによる租税回避を防止することです。

各国の相続税の有無という，いわゆる「モザイク模様」については，それぞれの国の課税主権の問題であることから，OECDあるいはEUという国際機関が改善等を勧告できる事項ではありませんが，相続税を施行している国としては，国際相続における二重課税を排除する義務があ

第5章　国際相続と税

ります。その意味で，この分野における法整備として，相続税租税条約の拡充，展開が必要であり，この分野が未整備という現状は，今後の課題でしょう。

(3)　日米相続税租税条約の活用

　日本から見て重要な事項は，被相続人及び相続人が日本居住者で，米国に相続財産がある例です。典型例が，米国に不動産等を所有する相続事例です。

　米国市民，米国居住者に対する課税は前述のとおりですが，非居住外国人への控除額は6万ドル（約950万円弱）です。

　非居住者の相続税申告書はForm 706-NAですが，その解説書（Instructions for Form 706-NA）には，内国歳入法典第2102条(b)(3)に規定があり，被相続人が日本居住者であり，米国の非居住外国人である場合，米国市民・居住者用の控除額が，米国国内財産を日米合計の総財産で除した割合を乗じた額に減額されて控除することになります。なお，米国の場合は，基礎控除額を相続財産から控除する方式ではなく，基礎控除額の税額控除換算額を税額控除することになります。

　この場合の手続では，非居住者の相続税申告書であるForm 706NAに，租税条約の適用による控除を受けることを示すForm8833を1枚添付すればよいです。すなわち，「全世界資産××ドルで，そのうち米国の資産が××ドルなので，日米相続租税条約4条適用の結果，米国での控除額を××ドルとする」と記載することになります。

　なお，日米相続税租税条約の適用を受けて，米国における遺産税の課税を免れたことになる場合，「租税条約に関連したことによる報告義務」が生じることになります。米国の財務省規則§ 301.6114-1（Treaty-based return positions）にこれに関連した規定があります。

219

Appendix 1
外国人労働者の増加

① 外国人労働者の増加の推計

　日本の将来推計人口（国立社会保障・人口問題研究所資料）によると，2040年の総人口は現在から約1割減少し，65歳以上人口がおよそ35％となります。総務省の統計では，令和4（2022）年10月1日時点の日本の人口は124,946,789人ですから，この数字に基づくと，2040年の日本の人口は，約112,000,000人と推計できます。

　国連の推計では，日本の生産年齢人口（15～64歳）は，1995年の8,778万人がピークで，2015年に7,806万人でしたが，2050年に2015年比28.8％減の5,557万人，2100年には同44.6％減の4,327万人となる見通しです。

　この生産年齢人口の減少は，人手不足という形ですでに各産業で生じていますが，政府が目標としているGDPを達成するための外国人労働者数は2040年に674万人と推計されています。仮に，この推計値を前提とすると，2040年には，日本の人口の約6％が外国人労働者ということになります。

　入管の資料では，令和5（2023）年6月末の在留外国人数は3,223,858人で，令和5年10月現在で外国人労働者数が約204万人であることから（厚労省資料），単純計算で，外国人労働者数の約1.5倍の在留外国人がいます。2040年の外国人労働者が前述の推計で674万人いるとすると，在留外国人はその約1.5倍とすると約1,000万人を超えることになります。2040年には，日本の人口の約10人に1人は外国人という計算です。令和4（2022）年では，100人のうち2人という外国人の比率が約20年後には5倍の100人に10人ということになります。

220

Appendix 1　外国人労働者の増加

②　外国人増加と税務行政

　所得税法上，外国籍の者の課税は，非永住者の場合を除いて特に区別する理由はありません。外国人の多くが日本の居住者であれば，居住者としての課税で，給与所得者であれば年末調整，それ以外であれば申告納税が基本となります。注意すべきは，外国人の本国への送金と国外の扶養親族の控除問題です。

　冒頭に述べたように，2040年に日本の人口の10分の1が外国人となった場合，税務行政等の対応が注目されることになります。例えば，米国の場合，スペイン系の移民が急増したことから，スペイン語による説明書（インストラクション）を作成する等の対応をしています。なお，上記の人口の10％が外国人というのは，全国平均であることから，都市部では，その割合はより高くなる可能性があります。

　日本でも，税務署だけではなく，税理士会，青色申告会，法人会等でも言語の問題，説明書の作成，外国人対応の人員配置等が必要になるものと思われます。

　確定申告期に青色申告会でバイトをした人に聞いた話では，相談に，英語で対応したケースがあったということです。日本に居住する外国人に対しては，日常会話に不自由がなくても，専門的知識を要する税務に関しては何らかの補助が必要となります。

③　人手不足が慢性化

　上記は税務に関連した分野の話ですが，第一に，外国人の場合，韓国，台湾等と外国人争奪戦が始まること，第二に，労働者を送り出していた国の経済力の上昇により，日本に来る人数が減少すること，第三に，日本において，社会保障，教育，医療等の分野で外国人受入れの制度の整備が必要になること等が顕在化します。そうすると，例えば，国税職員の採用試験の倍率低下，税理士事務所の人手不足等が考えられます。

221

Appendix 2
出入国管理及び難民認定法と在留資格と関連法の変遷

① 出入国管理令の創設

入管法は，昭和26（1951）年の出入国管理令が最初です。

② 定住者の在留資格の創設

平成2（1990）年6月以降，入管法の改正により在留資格の再編が行われ，定住者の在留資格が創設され，その表示も「人文知識・国際業務」「短期滞在」「日本人の配偶者等」などの具体名となりました。定住者は，在留期限が，6月，1年，3年，5年のいずれかで更新が可能です。

③ 技能実習制度の創設

平成5（1993）年に外国人が報酬を得ながら実習を行う「技能実習制度」が創設されました。この制度は，日本で習得した技術を母国に持ち帰って母国の技術向上を目的とした国際貢献の一環としてのものです。

この制度は，単純労働を目的とした外国人の受入れではありません。

④ 特定技能制度の創設

この制度は，平成31（2019）年4月から導入されている新しい在留資格です。技能実習制度とは異なり，特定技能は日本の労働力不足を確保するための制度であることから，単純労働を含む仕事として，特定技能1号が12分野，特定技能2号が2分野定められました。

⑤ 高度外国人材制度の創設

法務省は，平成24（2012）年5月に，高度外国人材の受入れを促進するため，高度外国人材に対しポイント制を活用した出入国在留管理上の優遇措置を講ずる制度を導入しました。これは，活動内容を，①高度学

222

術研究活動，②高度専門・技術活動，③高度経営・管理活動の３つに分類し，「学歴」，「職歴」，「年収」等の項目ごとにポイントを設けて，そのポイントの合計が70点に達した場合に出入国管理上の優遇措置を与えるというものです。

⑥　高度外国人材ポイント制の見直し

　平成28（2016）年６月に閣議決定された「日本再興戦略2016」において，70点以上のポイントを認められた高度外国人材については，永住許可申請に要する在留期間を当初の５年から３年に短縮，80点以上のポイントで認められた場合は，永住許可申請に要する在留期間を当初の５年から大幅に短縮し１年とすることとなりました。

⑦　特別高度人材制度（J-Skip）の導入

　政府は，令和５（2023）年２月に，高度外国人材に係る新たな受入策を決定しました。年収2,000万円以上の技術者らが滞在１年で永住権を申請できる制度を新設し，世界の上位大学の卒業者に就職活動で最長２年の滞在を認める等の優遇措置の拡大を決定し同年４月から実施しました。

⑧　育成就労法の創設

　育成就労制度創設に至る過程で，先行した技能実習制度の欠陥に対する補正が焦点となりました。技能実習制度は，人材育成を通じた技能移転による国際貢献が目的でしたが，国内企業等の労働力として運用され，目的と実態が乖離していました。

　令和６（2024）年６月に，在留資格が改正され，従前の「技能実習」が廃止され，「育成就労」が創設され，原則３年間で特定技能１号まで育成が目的で，転籍の制限が「技能実習法」では３年でしたが，「育成就労法」では，１～２年と改正されました。

　技能実習制度は日本で習得した技術を母国に持ち帰って母国の技術向上を目的とした国際貢献の一環でしたが，後発の特定技能制度は労働力不足を補うための施策でした。

Appendix 3
海外へ移住した場合の日本の公的年金の課税

① 国内法による非居住者の公的年金に係る課税方法

公的年金は国内源泉所得（所161①十二ロ，所令285②，所令72③九）に該当し，非居住者の公的年金は，他の所得と区分して源泉分離課税されます（所164② 169三，212①）。源泉所得税額（復興特別所得税を含む）は，年金の支払額から5万円（65歳以上は9.5万円）×支払月数を控除した残額に20.42％の税率を乗じて計算します（所213①一イ，措法41の15の3③）。

② 海外へ移住した場合の現地における課税関係（2024年3月末時点）

- 年金条項のない租税条約の締結国へ移住した場合の公的年金の課税

タイ，スウェーデン，カナダ及び南アフリカとの租税条約は，年金条項を置いていないため，公的年金は条約上の「その他所得」に該当します。4条約ともに「その他所得」について居住地国課税を原則としながら，源泉地国も課税できると規定しているので，双方の国で課税されます。二重課税となりますが，居住地国において，外国税額控除を適用して日本の所得税を控除できるかを検討することとなります。

- 年金条項を有する租税条約の締結国へ移住した場合の公的年金の課税

ⅰ）居住地国のみ課税できると規定する締結国（個人の所得に対する課税を行う国に限る）へ移住した場合

退職年金は，居住地国のみが課税し，日本では課税されません。現時点では，このタイプの条約が多数を占めています。

ⅱ）源泉地国も課税できると規定する締結国へ移住した場合

年金条項のない租税条約の締結国へ移住した場合と同じ課税関係となります。日本が締結した租税条約では，ベルギー，ドイツ，デンマーク，アイスランド，ロシアが該当します。今後はこのタイプの条約が増えると思われます。

iii） 居住地国のみ課税できると規定する締結国（個人の所得に対する課税を行わない国に限る）へ移住した場合

租税条約の解釈上，居住者とは，条約締約国において租税を課されるべき者をいうとされています。そして，締約国の国内法の規定により所得税が免税される者であっても，その締約国において租税を課されるべき者に該当し，居住者となると考えられています。

日本と租税条約を締結している国では，UAE，サウジアラビア，クウェート，オマーン及びカタール等が該当します。これらの国は，個人の所得に対する課税をしていないので所得税は生じませんが，退職年金に課税できるのはこれらの国のみとなるので，結果としていずれの国でも課税なしとなります。

ただし，オマーンは，個人に対する所得税制を導入する見通しを明らかにしており，その他の国の税制についても最新情報の確認を要します。

・ **日本と租税条約を締結していない国へ移住した場合の公的年金の課税**

日本と二重課税の除去を内容とする租税条約を締結していない国に移住した場合は，移住先国でどのように課税されるかにかかわらず，日本においては，国内法どおりの課税となり，非居住者に対する国内源泉所得として課税されます。

著者紹介

【著者紹介】

矢内 一好（やない かずよし）

国際課税研究所首席研究員　博士（会計学）（中央大学）

中央大学大学院商学研究科修士課程修了

1975 年東京国税局に勤務。90 年退職，産能短期大学助教授，日本大学商学部助教授，教授を経て 2002 年以降中央大学商学部教授。税務大学校講師，専修大学商学研究科非常勤講師，慶應義塾大学法学研究科非常勤講師（いずれも 2018 年 3 月末退職）。著書に『国際課税と租税条約』（ぎょうせい，1992 年，第 1 回租税資料館賞受賞），『租税条約の論点』（中央経済社，1997 年，第 26 回日本公認会計士協会学術賞）など多数。

高山 政信（たかやま まさのぶ）

国際課税研究所所長　税理士

株式会社 TAX LABO CEO

著書に『国際税務ガイドブック（九訂版）』（財経詳報社，2013 年），『実務の「核心」が分かれば応用がきく！　テーマ別国際税務のケーススタディ』（共著，第一法規，2024 年），『国際税務に強い税理士になる本』（共著．中央経済社，2015 年）など多数。

廣瀬 壮一（ひろせ そういち）

税理士（東京税理士会芝支部）

1977 年九州大学法学部卒業。東京国税局，デロイトトーマツ，太陽グラントソントン各税理士法人に勤務後，2015 年税理士開業。個人の国際税務に関わるコンサルティング，申告書作成，税務調査対応を専門としている。

主な著書に『正しく身につく　個人の国際税務入門』（中央経済社　2024 年），『個人の外国税額控除パーフェクトガイド第 4 版』（中央経済社，2023 年）など。

スピードマスター

国境を越えて働く人の税務100

2024年10月5日　第1版第1刷発行

	矢	内	一	好
著　者	高	山	政	信
	廣	瀬	壮	一
発行者	山	本		継

発行所　㈱中央経済社

発売元　㈱中央経済グループ
　　　　パブリッシング

〒101-0051　東京都千代田区神田神保町1-35
電　話　03（3293）3371（編集代表）
　　　　03（3293）3381（営業代表）
https://www.chuokeizai.co.jp
印刷／文唱堂印刷㈱
製本／㈲井上製本所

ⓒ2024
Printed in Japan

＊頁の「欠落」や「順序違い」などがありましたらお取り替えいた
　しますので発売元までご送付ください。（送料小社負担）

ISBN978-4-502-50981-0 C3034

JCOPY〈出版者著作権管理機構委託出版物〉本書を無断で複写複製（コピー）することは，
著作権法上の例外を除き，禁じられています。本書をコピーされる場合は事前に出版者著
作権管理機構（JCOPY）の許諾を受けてください。
　　　JCOPY〈https://www.jcopy.or.jp　eメール：info@jcopy.or.jp〉

プロの視点で最終チェック！

図解・表解 相続税申告書の記載チェックポイント（第4版）

渡邉 定義 [監修]
天池 健治・衞藤 正道・中山 眞美・
藤井 孝昌・村上 晴彦 [著]　　定価3,520円（税込）・B5判・364頁

相続税申告実務の手引きの定番書！

相続手続に関係する税務申告を書式の記載例とともに詳しく解説する相続税務の手引書の最新版。5年ぶりの改訂で，2019年以降の相続手続に関係する制度改正をフォロー。

【本書の特徴】
◎誤りやすい事項を，チェックポイントで解説！
◎相続にともなう遺産分割協議書や遺言書についても解説！
◎所得税や消費税の準確定申告，相続税の修正申告・更正の記載方法も網羅！

■本書の内容
第1章　相続の概要
第2章　相続税の納税義務者
第3章　相続税の概要
第4章　相続税がかからない財産
第5章　相続税が課税される財産
第6章　相続税の課税財産の特例
第7章　相続財産に加算される贈与財産
第8章　相続財産から差し引かれる債務・葬式費用
第9章　各相続人の相続税額の計算
第10章　税額控除
第11章　相続税の申告と納税
第12章　修正申告
第13章　更正の請求
第14章　相続に関連する税務手続き

中央経済社